稀見筆記叢刊

古禾雜識

鐙窗瑣話

[清]項映微 著

[清]于源 著

范笑我 點校

文物出版社

圖書在版編目（CIP）數據

古禾雜識　鐙窗瑣話／范笑我點校．—北京：文物出版社，2016.1（2017.5 重印）

（稀見筆記叢刊）

ISBN 978－7－5010－4502－0

Ⅰ.①古…　Ⅱ.①范…　Ⅲ.①筆記－中國－清代 ②詩話－中國－清代　Ⅳ.①K249.066②I207.22

中國版本圖書館 CIP 數據核字（2015）第 318289 號

古禾雜識　［清］項映薇　著

鐙窗瑣話　［清］于　源　著

點　　校： 范笑我

責任編輯： 李縉雲　劉永海

封面設計： 程星濤

責任印製： 梁秋卉

出版發行： 文物出版社

地址：北京市東直門内北小街 2 號樓　郵編：100007

網站：http：//www.wenwu.com　郵箱：web@ wenwu.com

印　　刷： 北京京都六環印刷廠

經　　銷： 新華書店

開　　本： 880×1230 毫米　1/32

印　　張： 7.25

版　　次： 2016 年 1 月第 1 版

2017 年 5 月第 2 次印刷

書　　號： ISBN 978－7－5010－4502－0

定　　價： 30.00 圓

前言

《古禾雜識》，清乾隆年間項映薇成稿。嘉興舊稱嘉禾，故名。項映薇，號朱樹。雍正庚戌生，浙江嘉興人，諸生，與錢鹿山、祝西澗諸先生游。乾隆己酉卒，年六十。鹿山《老屋集》將終，有輓先生詩。朱樹著有《桐華館詞》，已佚。所著《古禾雜識》，七八十年後，爲同邑王補樓得。王補樓，名壽，嘉慶乙丑生，諸生。道光己亥增補《古禾雜識》，「其載在郡縣誌及他書者，置不備録」，刻於次年庚子。著有《玉樹堂詩稿》之《午午》、《寤宿》、《存真》諸集和《補樓詩存》，皆未刊。道光己酉卒，年四十有五。錢駿祥撰《王補樓生平行狀》。吴受福續補《古禾雜識》並有題跋，時在民國癸丑，与王壽增補相距又過七八十年。吴受福，字介茲，號晉仙、璡軒，晚號子梨、老芥等。道光甲辰生。浙江嘉興人。光緒己卯舉人。曾任詁經精舍學海堂監督，主講振秀、雙山書院。著有《貞孝先生詩文集》，纂修《嘉興縣誌》。民國己未卒，年七十有六。民國丙子，金兆蕃將《古禾雜識》刻入「檇李叢書」，並有題跋，詳述成書顛末。嘉興圖書館藏無此書。嘉興博物館所藏，鈐吳藕汀藏印。辛巳秋，秀州書局將《古禾雜識》標點刊印，列范笑我、于能、吳香洲「三人叢書」，印二百本。吳藕汀《序》云「我手裏經過相當百萬卷的圖書，也没有見到像《古禾雜識》那樣的著述，這裏所記載的，盡是那些爲當時冬烘頭腦的『文人』所謂『微不足道』的東西。」吳藕汀，號藥窗。民國癸丑生。學者、詞人、畫家。曾再補《古禾雜識》一卷，未刊。笑我見過原稿。藥窗卒於乙酉仲秋，年九十有三。辛卯夏秋，笑我將《古禾雜識》鈔録新浪博客，每日一則，歷時四個半月。成簡體字本。王壽《玉樹堂詩稿》之《存真集》未刊稿和錢駿祥所撰《王補樓生平行狀》，今歸藏嘉興眠雲樓；《寤宿集》和《補樓詩存》未刊稿两种，今歸藏嘉興小爲軒。

《鐙窗瑣話》八卷，于源著。于源，字秋淦，號辛伯。浙江秀水（今嘉興）人。貢生。髫年敏慧過人，及長閉户讀書。道光乙未發起成立鴛水聯吟社，與秦光第次游、孫融次公、黄金臺鶴樓、黄憲清韻珊、嶽鴻慶餘三、楊韻小鐵合稱「禾中七子」。楊峴稱《鴛水聯吟集》「于君辛伯執牛耳」。乙未新秋，辛伯應梅里沈愛蓮之請，《夜窗鐙火》筆記數則，始作《鐙窗瑣話》。成二百三十七則，八卷。道光丁未刊刻成書。陳官焌《序》云：「取材淹雅，持論名貴，其於遺聞軼事，及憔悴專一之士，尤多所闡表。」辛伯有云：「專學唐人，又能自出機杼，不爲格律所縛，最爲有識」。又云「雅有法度」，當「從性情中流出」，贊賞「親炙隨園，不染其派」，傾心「清和淡遠，不染一塵」，主張「有爲而作」，推崇鄉賢朱竹垞、錢擇石。葉松石《煮藥漫鈔》云：「同里于辛伯明經源，又號秋詮。體甚肥，同人呼爲于胖。胖名與詩名並著，刻有《一粟蘆詩草》、《題紅閣詞》、《語兒村笛》、《鐙窗瑣話》、《柳隱叢談》諸種，鉛槧未完，紅羊劫至，流離瑣尾，轉徙上海。時方戒嚴，以面生可疑，幾罹不測。賴先兄琴軒與張壹山臬椽、馮蓮士參軍，力爲斡旋，得免於禍。」光緒甲申，天南遯叟王韜得《鐙窗瑣話》，有手批云：「于辛伯，軀幹雄偉，頭巨如石瓠。詩學宋人。髮逆南下，君倉皇出走，詩版俱遭兵燹。至上海，攜某顯者書，謁邑令劉君松嚴。疑其僞，置之獄。幾至不測。蓋劉君先惑於蜚語也。後事雖得釋，竟以貧死。」惜其生卒未詳，弗克考證爲憾。癸巳春起，笑我將《燈窗瑣話》八卷，逐一鈔録博客，每日一則，年底終成簡體字本。

甲午夏，文物出版社擬將《古禾雜識》與《鐙窗瑣話》同時出版，排成繁體字本。《古禾雜識》，比照菊庵所藏民國印本，卷四「五湖四海」插補吳藕汀所撰資料一則，以期再補已成一卷。《鐙窗瑣話》，比照道光丁未刻本。成此。

乙未小雪嘉興范笑我記

古禾雜識

清·項映薇 著
清·王壽 增
民國·吴受福 續增

序

周栻

戾俗者，棄天寶之細眉，外人掩口矣；趨時者，競城中之高髻，村婦一尺矣。民風禮俗之變遷，月異而歲不同；大率由儉而奢，由拙而巧，波頹草偃，靡靡然不知其所自始，莫究其所終極，深識者有隱憂焉。嘉禾土壤沃饒，禮讓風行，彬彬乎質有其文；殷阜之餘，淫佚隨之，浸染漸被，所不免也。乾隆間項朱樹先生著《古禾雜識》，凡賓祭、婚喪、餽贈、游戲、衣飾、飲食、時尚、好惡之習，一一登載，書久未彰。王明經補樓得之，感往而慨來，條申其説，而復增輯其所未備，鏤板而播之。讀其書者，如以所紀事不越周郭之近，物不過日用之常，得毋疑其瓦壓識低，城規魄小乎。雖然觀朱樹先生之所著，不啻生貞元而視天寶之細眉矣；觀補樓明經之所增按，不啻居鄉野而效城中之高髻矣。朱樹多直陳其事類，補樓兼隱寓其勸規；由項之說，可以循舊；由王之說，可以懲新。沿流而討源，振葉而尋根，革薄從忠，黜浮崇實，胥由此也。然則是編雜識也，而雜識云乎哉。道光庚子五月勾無周栻書於禾郡之寒泉齋。

目録

卷一

嘉興　項映薇 朱樹　著
同里後学 王　壽 補樓　增
同里後学 吴受福 晉仙 續增

立春前一日，有司輿導鼓吹，迎春於東塔寺。丐者扮春官，具袍笏，跽接道左。胥吏皆執春花，覓市上小兒，妝采菱船，農夫村媪，簑笠耰鉏之具，無不畢備。土牛色配干支，裹以蘆席，健者擡之，百十人擁護，蒙首疾趨，紅樓卷箔，紛然拋果，大率以擲中爲吉利。至明日，鞭牛府堂，小牛分遺紳衿家。〔壽案〕土牛以歲之幹色爲首，枝色爲身，納音色爲腹，以立春日幹色爲角、耳、尾，枝色爲脛，納音色爲蹄，俗每以是占一歲之休咎。縣禮房吏於立春前數日分送小春牛、句芒神，俱剪紙爲之。居民以米豆打牛，曰打春；有司以綵仗鞭牛，曰鞭春。

元旦黎明，即聞拉然爆竹聲，謂之開門炮仗。先禮佛像、家廟，次拜尊長，食團圓餌、長壽麪。男女多持齋者，俗謂是日不可食湯飯，食之，一年出門逢雨。〔壽案〕禾俗崇信鬼神，每逢元旦天晴，男女各處燒香，填塞街巷，城隍廟爲最鬧。又是日禁掃地、禁用錢。〔受福案〕元旦齋佛掃地，恐揚塵觸佛怒也。初三亦禁掃地，不知何故。

元日賀客，所行之路，必看喜神方位。人家置簿於門，開頭先撰一虛名，取吉祥語，如畢登科、賀春元、富有餘、包發財之類，拜者續書其下，一日可數十家，主人未之知也。相逢於道，則一拱而已。初五日後，方收簿不設。〔壽案〕門簿近亦虛設矣，蓋惟尊長則登堂拜節，其餘此來彼往，均令僕人分投名刺，用梅紅小紙，俗謂京片是也。又俗於年頭博戲，曰年興，官不之禁。然此風盛極，竟有從此敗家者，可不戒哉。〔受福案〕同光來，紳士家常時止開邊門，有事則開大門，新年或開三日或五日。尚有設筆硯門簿者，客到門自登於簿，過此數日收去。〔又案〕賀年客來，必獻漆合子，儲果品侑茶，或佐以粉團、棗子糕、蓮元湯，皆取吉利意也。

〔壽增〕初三日，爲小年。朝禮佛像、家廟，一如元旦。

〔壽增〕初四日午後接竈，至夜則接路頭。大家小户，門前各懸燈二盞，中堂陳設水果、粉糰、魚肉等物，并有路頭飯、路頭湯，鄙俚之至。蓋五路神初五日誕，求利者爭先邀致。憶幼時約在三鼓，而道光初年，晚飯後便燈燭滿街矣。更可笑者，初止行之市肆中，近則士農之家相與效之，且好事之人，或迎五路神，沿門送元寶，而曲巷不到之處，又必親詣廟中請元寶，實則瀆神以賺錢耳。〔受福案〕俗稱趙元壇爲五路大元帥，謂是財神，此無稽之談。實卽古之五祀，故路神亦包在内。出外營業者，尤宜加敬；市肆及貿遷人家，緣是群趨若鶩。路神卽月令。五祀之行，古則祀於冬耳。

〔壽增〕初七人日，初八穀日，以天氣相卜。

〔受福增〕人日，俗喜秤人，謂秤則可免一年疾病。此例大約始行於小兒，秤之以驗逐年增長若干，繼而婦女效之，漸至不問老幼男女，人人效之矣。立夏日亦有是例，謂可禳疰夏之患。疰夏者，俗指病暍也。蓋酷暑人最難受，其時往往減食消瘦，故必於暑前權之，則軀體尚未瘦損，差足自慰耳。

初八日，燒八寺香。北郭外徐王廟最鬧，市井人叢集，有换元寶、還元寶等名。初十日，燒十廟香。十三日，南堰曹王廟看畫船、弄刀槊，買小塑土偶極精。〔壽案〕初九日，又有元妙觀拜九皇懺。八寺係天凝、精嚴、楞嚴、金明、報忠、祥符、水西、朱福，十廟則加城隍廟、元妙觀耳。八月初八日，亦燒八寺香，并正月十八、廿八，八月十八、廿八，俱可補燒。徐王廟賽神之會，爲北高豐，由來已久。十三日南高豐，農人祈穀於猛將廟也。近嘉善塘之東高豐，亦拏舟擊鼓，士女齊集。而曹王廟則在二三月最多游人，鄉人有「吃曹王賭曹王」之謠。

〔壽增〕自元旦至初十日，測水之長落，以決米價之貴賤。蓋卽秤水輕重，料旱潦之意也。

上元燈市，十三日上燈，十七日收燈。雜綵紮縛鼇山、綉球、人物、樓臺；燈有五色、明角、宮紗、剔墨、料絲。好奇者作三層幔懸掛，流蘇搖曳，冰盞玲瓏，登橋望之，恍如萬點星攢也。珠簾揭處，微聞巧笑；而宦門姬侍，坐露頂軟輿，往往擁塞難行，遺鈿墮舄，不知其數；至小家妯娌，聯臂摩肩，又不足道矣。跳舞市上者，有龍燈、走馬燈、採茶燈，鉦鼓之聲，喧闐數里。一等無賴細民，扮作公子、伎女，老少妍醜，無不絕倒。或於地面空闊處放煙火，有「一丈菊」、「炮打襄陽」等名。〔壽案〕元宵張燈，生平未見。神廟中煙火花炮，所在皆然。又架柴燒之，當卽燒田蠶之遺意。聖壽節燈市甚盛，出奇鬭勝，莫若東門外宣公坊。或里中禳災，亦有燈市，不拘日期也。至迎燈，近都在二三月中，大抵打銅匠、踏布匠爲之，最曰慶賀太平、慶賀豐年、慶賀萬壽者，藉是以爲名。究之深宵雜還，盜賊混跡其中，爲民牧者能禁止之最好，否則仍復元宵舊例可也。〔受福案〕元宵，廟宇中有放煙火者，衙署則於開印日放，土地廟則於二月二日放。煙火之戲，出海鹽者佳，人皆預定。醵資如不足，有以花爆代之者，然放時必侑以鑼鼓，助興會也。

正月間，城隍廟趁集人，百物俱集，星卜雜流，誑語欺人；歌吹之聲，不絕於耳；茶坊酒家，至不能容膝。又有煎雪梨膏餳，捏造火漆象生果，兒童環立注視焉。〔壽案〕雜流中，擺象棋勢，其事尚雅。如春宮、西洋景及碗擔、糖擔、蛋擔之類，以骰卜采，導人爲不善，切宜除之。

〔受福增〕新年，富貴人家多備鑼鼓、十番諸樂器以娛兒童，聲喧戶外，示熱鬧焉。闤闠未開市，亦往往設此，俾夥友學徒隨意考擊，免致引友呼朋，效牧豬奴戲，意甚善也。皆至上元而止。

〔壽增〕開市向在元宵後。幼時住西湖街，見一銅店，元旦不閉門，詫以爲異。詎料近年初五日以前，店已十開七八，卽元旦買物，亦無物不有，人情趨利，概可見矣。而然子弟讀書，相傳有『三日清明四日年』之諺，故世家於初十前，必敦請先生到館。今有遲至二十後者，未知何意。

南宋時，名優人曰無過蟲，今謂之戲子。有弋陽腔、亂彈腔、崑腔，崑腔所演皆元明人院本。至弋陽、亂彈，率詠嘲鄙俚，以博一笑而已。春閒自各衙署前，以及郭外鄉曲，歌臺舞榭，跨河負橋，彼此相望也，榜曰慶賀昇平。〔壽案〕元末貫酸齋以曲擅名，故海鹽腔最著。衙署演戲惟聖壽節暨三相、土地生日，至民閒歌臺舞榭，久不行矣。夏閒則有太古、元真兩道院。溫天君出巡驅邪，酬神之家，邀神至河干，別設一舟，上蓋高蓬演戲焉。四圍看船數十號，而神舟則一日往來數處。然俗好打譁，故崑腔絶少，而弋陽、亂彈居多。

〔受福增〕正月、七月、十月，有持三官齋者三次，皆至十六日開葷。二月、六月、九月，有持觀音齋者三次，皆二十日開葷。

〔壽增〕二月二日，土地生日。俗食油熯年糕，謂之撑腰。是日，鄉閒下瓜茄諸菜種。〔受福案〕土神誕日，廟中或醵錢奏樂一天，晚放花爆。

〔壽增〕初八日，張大帝生日。時多風雨，有「請客風送客雨」之謠。〔受福案〕《乾淯歲時記》二月八日爲相川張王生辰，霍山行宮，朝拜極盛。是南宋已有此説。但不知張王何名，爲何代人耳。

〔壽增〕十二日爲花朝，俗稱百花生日。是日晴，百果多結實，諺云「有利無利，但看二月十二」。

〔壽增〕二十二日，隨糧王生日，多雨，俗稱二老太是也；二十三日，北陰生日，多晴，俗稱楊老爺是也。故有「水浸二老太，曬殺楊鬍子」之謠。時二神鄉閒多賽會，悉駕快船，繒綵觸目，金鼓震耳，老幼若狂。嘗見旗上有「浙西世家」及某社等名目，皆前朝舊習也。

三月閒，春光醉人，百花夭豔，傾城士女，皆爭覓勝地。茶禪寺看碧桃，碧光庵看菜花，煙雨樓看牡丹，處處游人蟻附，河中畫船簫鼓，十番樣景，銜尾不斷。趕集人沿路結棚，泥孩兒、不倒翁、臥美女、象生花，擺列精緻；小肆香燭，招客者幾至牽袂。〔壽案〕春閒，婦女借燒香爲名，多出游。兒童競放紙鳶，諺曰「楊柳青，放風箏」。

長水塘新橋一帶，村女競作繩戲，頗有豔者。二三月閒入城市，走索、跳猴、打韆韆，觀者斂錢無算。亦肯行酒調笑，解唱《寄生草》、《銀絞絲》諸小曲。然余謂此等輕捷若飛，不宜狎近，如明末繩妓紅娘子劫李巖事可鑒。又有彈詞瞽女，抱三絃子，摸索街上。吳江人沈建中，演唱古今，推爲絶技。〔壽案〕彈唱南詞，搬演戲法，近都在茶肆中。

春夏閒，賽會極多，如漢壽亭侯、溫元帥、東嶽大帝、隨糧王，悉羽流糾率游民爲之。倡首旗蓋，頭踏甚盛。然郡人好鬼，驅於前者，盡罔兩夜叉之類耳，市兒驚怖，無不走匿。至鼇山之精巧，以濮院、硤石爲最。水會則推平湖、嘉善。〔壽案〕嘉善四月四日之會，前明已然。羅星臺「關帝會」必覓長大漢扮周將軍。近王店仿之。至水會則楓涇龍舟最妙。而新塍鎮於水面裝成園圃，泉石亭臺，人物花草，莫名其妙，允可首推。

清明日，攀柳條插戶鐶，小兒女髮閒綴柳葉。俗競以是日前後上墓祭掃，焚燒紙錢；村人聚觀，分餉角黍。懸紙球於松楸閒，歸則折桃花、紫荊數枝，插之船尾。〔壽案〕是日，奉城隍神詣厲壇祀孤，病者許願，或扮犯人，赭衣荷校，背書斬犯一名某某；或扮無常，五道七殺，鐵鍊聲錚鏦而來。拜香者口誦佛偈，數武一屈膝；而太保則衣服都麗，悉美少年也。每出春波門進望吳門，觀者如堵。七月望，十月朔，亦如之。又鄉人出避於外，謂之避青。晚食螺螄，謂之挑青。聞沈蕩向有龍舟之戲，近無。

〔壽增〕三四月閒，農家看蠶，禁生客入門，官爲之停訟。桑葉驟貴，有逼迫死者。而近鄉之人，開設葉行，買賣數千萬擔，均非真實，徒致市價低昂，害人不淺。又放債者、收租者俱以蠶罷爲期。倘遭歉歲，未有不絕其喉矣。

〔壽增〕立夏日，燒春一壺，盤設青梅、朱櫻、海螄、醉筍、粉團等物，爲喫立夏。相饋遺者，爲送立夏，古所謂櫻、筍，廚也。〔受福案〕其日粉餌，多作麥芽團，以新麥登場故。

〔壽增〕四月四日，有四塔香，三塔、東塔、真如塔、濠股塔也。〔受福案〕或謂三塔不在內，蓋鬱秀塔也。俗傳陶朱公生日，祝壽者歲必一舉。八日，有浴佛會。

〔壽增〕小滿，動三車，絲車、油車、水車也。

〔壽增〕五月爲惡月，家懸神符、鍾進士像以辟邪。婦女小兒輩戒出門，諸吉事概不行。〔受福案〕是月，亦有懸張天師象者。

〔壽增〕芒種，逢壬入梅；夏至，逢庚斷梅。又三日爲頭時，又五日爲中時，又七日爲末時。時中小兒禁薙頭。梅天多雨爲梅雨，人或以甕承簷溜貯之爲梅水，烹茶甚佳。

重午日，梁閒貼朱砂辟邪符，膽瓶供葵花、艾葉，正午飲菖蒲雄黃酒。閨人作蟾蜍袋、蒜葫蘆、金蜘蛛、絹老虎、釵梁綴、健人符；市上篩鑼擊鼓，跳黑面鍾馗、紅鬚天師，南湖觀競渡。〔壽案〕是日食角黍，諺云「未吃端午糭，寒衣不可送」。又婦女翦蠶繭爲花，兒童以雄黃塗面塞耳，或書王字於額。市上之戲，久不作矣。南湖競渡，則乾隆四十年後始絕響矣。又午後市上俱閉戶。

〔壽增〕六月六日，驅貓狗於河洗之。寺僧賺村媪曬經，跪烈日中，口喃喃誦佛號，手取湖綿拂拭之。甚有因而致病，雖死不怨者。

〔壽增〕十九日，燒觀音香，比二月更鬧。上一夜已絡繹不絕，故城門爲之不閉。若海鹽則合城茹素，福業院又數倍於三塔寺也。二十四日，雷祖生日，燒香者亦多。〔受福案〕凡觀音大士廟，是日必有奏樂者，喫齋人家門首多懸觀音燈，寫「普門大士」字樣。光緒以來，里中好事者勸募人家醵錢，於街心結繩懸觀音燈，街口結彩牌坊，橋上或蓋燈棚。初十前起，黃昏時滿街燈火，誕日必至半夜，逾此始止。持雷祖、三官齋者，亦必於燈上標字，但不及大士燈之盛耳。

荷花，各處陂池有之，惟南湖莊曹圩最盛。碧雲連頃，游人攜都籃茗具，檥舟斷岸，曉露未晞，清香沁骨。居人大半漁戶，卽以賣蓮蓬菱藕爲業。雖無涼亭水檻，而柳陰深處，桔槔爭響，沙鷗撲鹿，柔艣嘔啞，此景真令人忘暑。〔壽案〕莊曹圩荷花已少，納涼者或往小曹王廟，而莫盛於城北之官蕩，真香聞十里也。〔受福案〕官蕩距城太遠，歸須卜夜，不遑暢覽。游人往往至半道，地名單拔壩，是處雖湖面較小，然紅衣翠蓋，彌望亭亭，舟行其閒，不啻入芙蓉城矣。

夏夕納涼，居人或於籬邊岸側，或豆花棚下，覓說書人說「諸葛亮借東風」、「小秦王跳澗」事，聽者忘倦。其貧人無葛幮可宿，買蟁煙一筒，承以片瓦，通夕薰之。

至高樓水榭，香霧迷濛，墮舄遺簪，流螢戲撲，則又如在天上矣。〔壽案〕說平話者，俗呼「插鼕鼕」。優人三四輩，携鼓板琵琶，往來道上，俗呼「唱攤頭」。暑夕最多。

七夕，穿針乞巧，庭中陳瓜果，候牛女；擣鳳仙花，染紅指甲。三十日，爲地藏王誕日，各處蘭若最閙。燒香婆嫂抱嬰兒寄名作佛子；紙元寶書善男信女名，懸掛旛竿。至晚，人家戶前設小几，供花瓶紅蠟；又徧地插香，瓦礫堆成寶塔，雜木屑燒之，坊弄閒火相照也。〔壽案〕七夕穿針，須月下三穿而中。又捉蜘蛛藏合中；西瓜燈、冬瓜煎之類不一。自望至晦，作蘭盆勝會，施放水燈，紙紮諸般惡鬼，染五色米，撒地舖地獄。甚至又有五方焰口，用鑼鼓笙簫，雜以鐘魚鐃鈸，聒耳可厭。

〔壽增〕中元，例祀先以素食。前二夜設西瓜茶果，謂之接亡人。前一夜城隍廟燒香者，以億萬計，謂之燒陰香。

中秋，載酒南湖，好事者以鑼鼓相競，有雨夾雪、滾繡球、划龍船、花蝴蝶、大歇拍、小歇拍等名，過夜半始散。〔壽案〕中秋，煙雨樓有唱曲船，船甚綺麗，其中大半俗人，然皆以清客自居。是夜祭月用月餅。〔受福案〕中秋玩月，曲奏霓裳，起自唐宮，事極典雅；禾中此風，近早闃寂。然昆曲嗜者甚多，入夏即招同志，開局演唱，少年子弟豔之，皆醵資入局肄習。每年逢荷花生日、乞巧日，兩度放舟煙雨樓，彼此竹肉競奏，綵船簫鼓，游屐如雲，一晝夜必唱數十齣，蟬聯不斷。始尚清曲，後咸改用鑼鼓説白，若戲場然。技愈精而事愈俗矣。游船來者，借聽曲爲名，實則群聚博塞，角者各挾巨資，士夫效之，官不能禁，風斯下矣。

〔受福增〕九月朔起，元妙觀道士拜九皇懺，至重陽日圓滿。婦女多往膜拜，和聲誦佛號。

九日登高，集真如塔、東塔兩處，高秋雲淨，海上諸山，歴歴在眼。〔壽案〕禾地無山，故重陽登塔，然欄干毁損，有失足喪身者。是日，用栗糕標彩旗祀竈，士人對菊持螯，賦詩飲酒，亦足樂也。

〔壽增〕九、十月之閒，亦有掃墓者，謂之秋祭。冬至節，祀先而不拜節。〔受福案〕秋祭，俗用十月朔。

〔壽增〕十二月初八日爲臘八。以蔬果諸物煮粥，曰臘八粥。尼庵中或舉放生會。

臘月祭竈，即所謂醉司命。或十四日，或二十四日，總在立春前。先期羽士造門，持咒灑水，謂之淨竈。是夜祀品，例用花錫一檠，云欲膠神之口，使見玉皇不得言耳。

以敗篝作轎，麻稭貫之，送之庭中；爆竹飛篭，滿城響應。竈妾更以餘燼撥置竈中，謂之煖竈。〔壽案〕大寒，逢戌爲臘，伐木動土俱不忌。俗又云「清明三日臘，冬至三日臘」。二十四日，掃屋塵祀竈，湯糰合家分食，取團圓之意。篝，俗稱善富，以其形似元寶。主人於送竈時，夾取而藏之釜下，愈紅愈吉。〔受福案〕醉司命，俗稱送竈。多在廿三、廿四兩夕。接竈則或用除夕下半夜，或元旦或年初四不等。

歲將暮，鄰里多勃磎聲，蓋責逋索券，比比而是。惟小兒出書塾，跳躍抃舞，買鬼臉、畫戟、腰鼓、響葫蘆、西洋士女，點放雪炮、滴滴金。貧兒又以南燭子、冬青、柏枝，呌賣於市上，謂之年景。丐者扮花鼓，沿門乞錢；或以竹篠挑大元寶，唱曰「新春大發財，元寶滚進來。」〔壽案〕乞兒或扮牛形，到門作牛鳴，一人呼曰「黄牛到，生意燥。」

祀土地神，不知始於何時，大約即神荼、鬱壘遺意。土風最重烹雞炮豕，果餌盈柈，神位用銷金紙牌，俗謂之佛馬。自祭竈後，至除夕數日內，雖窮巷寠人，無弗叩頭虔祭也。〔壽案〕歲杪祀神，名曰齋土地。而實則諸神畢集，土地居末席焉。〔受福案〕佛馬，本備送神時焚化，不焚則裝成掛幅，或倩畫師以工筆爲之，神仙、菩薩、星宿，雜坐不倫。神必茹葷，而佛皆持齋，故以粉餌揑成滿龍及素三牲，羼祭品中。酒杯前必陳茶、麪、飯各三甌，腐衣、麪筋、豆腐各一楪，蓋爲佛而設也。〔又案〕獻土地，無定期，各家多循舊例；或有先請符官者，漫謂倩彼邀客，跡涉可笑。薄具小禮物，專供符官神模，祭畢焚送符官。再整杯箸，懸掛土地、佛幛卽神模，備登祭品，羅列滿案，例設生魚。接路神日亦然。

除夕，更換泥金春帖及門丞戶尉，懸真堂内，設果槅茶琖，炒湅米，煮隔年飯；掃塵撤豆，圍爐焚松柴，戶限植將軍炭；闔家團圞，飲酒必酩酊而止，以燭分遺卑幼，謂之歲燭。〔壽案〕煮隔年飯，淘隔年米，多寡不一，皆插冬青、柏蕚、芝麻梗，取長春節節高之意。人靜後，炒漏湊豆，滿屋撒徧，不令人見，可免盜賊。然雙燭於中堂，通宵如晝。〔受福案〕淘隔年米，留隔年飯，皆示有餘之意，又擇老桑柴，燒紅置竈心及腳爐内，謂之種隔年火。其夕飲畢，喫飯有賸碗底者，謂之留米囤。

〔受福增〕除夕，奉祖先像懸掛堂屋，名「代圖設筵」。祭拜禮畢，合家團坐歡飲，曰喫年夜飯。代圖，新年或掛四日或八日，亦有遲至元宵者。日間案前陳茶果漆合子，呼爲洋盒；每晚必具酒殽，至收像日，設祭與除夕同。

〔受福增〕除夕團飲，必喫葧薺，謂之有抵（借蒂字用）椿。蒔菇謂之無底當。又令小孩喫猪眼，謂可免膽怯；猪尾謂可除内熱，二物均須在暗中喫，勿令四眼見。是夕，房屋各燈，燃草三莖，謂之三燈火。盞中置赤小豆七粒，自元旦起，每夜剔去一粒，至人日始罄，不使忘記，謂可避赤眼。

是夕，點燈達旦，以結花爲瑞。少者易新衣拜長者前，謂之辭歲。長者以紅綫貫青蚨，偏賜少者，謂之押歲。小兒女又多索棗栗餅餤，相約守歲；覓骰盤博狀元籌、選官圖，揎袖吆喝。閨人絫珠蟠綉，暇卽嗅香橙、劈朱橘，擁爐以待。一聞雞唱，卽櫛沐整妝矣。〔壽案〕是夕有出門聽響，以卜來歲者，卽古時鏡聽之意。

〔壽增〕四時晴雨，雜占諺云「春寒多雨水」，又云「雨打正月半，一場無好看」，又云「春天無爛地」，又云「春雷十日陰」，〔受福案〕：有下句云「要晴水見冰」。又云「做天難做四月天，蠶要溫和麥要寒，秧要日頭麻要雨，看蠶娘子又要無雨弗晴天」，又云「麥看四月四，稻看八月八」，又云「雨打梅頭，一去不回頭」，又云「夏至西南没小橋」，又云「小暑一聲雷，翻轉做黃梅」，又「朝西夜東風，一定旱天公」，又云「二十分龍二十雨，車軸擱在衖堂裏；二十分龍廿一雨，點點落在苗田裏」，又云「六月不熱，五穀不結」，又云「八月夜雨偷稻鬼」，又云「白露白瀰瀰，秋分稻秀齊」，又云「寒露三朝西北風，十个箔籃九个空」，又云「九月十三晴，釘靴掛斷繩」，又云「九月十三晴，皮匠老婆要嫁人；九月十三落，皮匠老婆帶金鐲」，又云「立冬有雨一冬晴，立冬無雨過年晴」，又云「晴乾冬至濕年朝」，又云「春雨夾一冬，無被煖烘烘」，又云「若要麥，見三白」，又云「春霧陰，夏霧熱，秋霧西風冬霧雪」，又云「東吼日頭西吼雨」。〔受福案〕蝃蝀，俗呼作吼，或作鬻。〔又案〕春日諺云「星月照爛地，明朝落弗及俗讀如忌」。又云「春霜弗隔夜」，又云「濃霜晏暖熱」，二月十二晴，則百果多實，諺已見前。四月十六則宜雨，諺云「有穀無穀，但看四月十六」，「天上有零，地下有穀」，麥忌雨多，諺云「三月溝底白，莎草變成麥」，又云「小麥不怕人和鬼俗讀如居，上聲，只怕四月十八夜裏雨」，又云「廿三廿四指五月落是回龍雨，枉大青苗勿結米」，又云「六月無夜雨」，立秋日忌雷，諺云「秋孛鹿，損萬斛」，又云「白露前是雨，白露後是鬼」，又云「寒露無青稻，霜降一齊倒」，又云「頭九鵓鴣啼，九九雪花飛」，又云「南風轉北，搓繩絆屋」，又云「三朝霧露發西風」，又云「春甲子雨，赤地千里；夏甲子雨，乘船入市；秋甲子雨，禾頭生耳；冬甲子雨，牛羊凍死」。十一月十七日，阿彌陀佛誕，俗謂卽梵寺山門口之布袋和尚。米市於是日占米貴賤，謂南風入袋則米貴，北風出袋則米賤，故云「南風吹我面，米多弗會賤；北風吹我背，無米也弗貴」。

卷二

嘉興　項映薇朱樹　著
同里後学王　壽補樓　增
同里後学吴受福晉仙續增

衣服之制，遷改不一。向聞雍正閒袍短套長，相去僅一二寸；乾隆十年左右，則袍長至窣地，如婦人裙襦；近日又稍殺矣。自辛未翠華南幸後，其製更異，袍作缺襟樣，外加馬褂，卽古人所云短後衣也。長不及二尺，取其輕捷便利，兼縛套袴，目爲邊式。蓋吴人善於摹仿，親覩扈從人妝飾，故爾效之。〔壽案〕乾隆三十年閒，長袍、短套、寬袖，後改爲短袍、長套、窄袖。至嘉慶年閒，衣俱尚長，而近則又復尚短。

南邊溫暖，綿絮饒足，故向時衣裘者絕少，數年以來，宛然北地矣。白狐、紫貂、猞猁、海虎、銀鼠、花豹，赫奕道路；如羔裘之類，皆傔從服耳。一時奢侈相尚，大變吴下舊俗。〔壽案〕幼時皮衣行灰鼠，後行紫貓，有花嵌、拉條等名。近則盛行狐嵌、狐腿，而小毛最重「草上霜」，一襲須數十金也。

吾鄉向出嘉錦，今已絕無。綾之類，佳者曰徐機；綢之類，佳者曰濮院；紗之類，佳者曰杜廣；布之類，佳者曰陡門。其錦蟒、刻絲、嗶嘰、氆氇、羽毛、紗緞，雖出他處，鋪中無不備。〔壽案〕近人皆服杭綢、湖縐及金陵之緞，本地所出，大都作夾裏耳。至布則東柵、南堰、石條街俱有，各縣各鎮亦多，但不如松江之佳。而人喜價賤，未嘗買取。故如吾家布業已六七十年，所售多在外路，卽染色亦不比尋常門市也。若洋貨中大呢，幾人人服之。

帽有京式、元寶式、侍衛式，頂之尖平，簷之闊狹，皆隨時遞變。緯以杭杠爲第一；涼帽有草胎、藤胎，其以篾爲骨，冒以紗者曰輕涼賤；紅纓向有翦梢者，近復蹙之，使屈曲然。小帽有簷者，曰步步高，曰一様圓；無簷者曰碗帽，曰西瓜皮。〔壽案〕二十年前，帽有桶箍式，其邊甚高。今則「三拉邊」盛行。緯用生絲爲之；紅纓向行粗重，以風吹不亂、日曬不蓬爲上，價亦昂。近時新出一種，用細纓辮成，更覺爽朗。小帽則「軍機組」濫行矣，其實卽舊所謂困秋狹邊者也。射利之徒，時翻新樣，盤金錯繡，色色俱佳。碗帽亦然，惟有紗胎而藤骨者頗好；而趨時者尖頂一撮，殊覺不雅。結初秖大呢，旋變爲綫，爲細珊瑚；近年忽用纓，用生絲長鬚，初改短鬚，後改九連環，人心之幻，何可測耶。〔受福案〕冬帽中拉虎護頂，猴兜護頸；風帽舊多蒙大帽上，後不復行。其施之小帽者，名觀音兜；而婦人所用者，轉目爲浩然巾。

帽頂本分等級。近生員皆戴金頂，雖嚴禁之，不止。更有生銀打成者，望之若硨磲然，名爲黑夜驚人。屠沽皂隸，無不混戴。唯鄉閒尚遵舊制，小帽蒲桃結，頂算盤珠、雜拖貂鼠尾、辮綫帶。〔壽案〕帽頂，雍正初始頒行，歷時已久，人多踰分。舉、貢、生、監，幾無分別。前年富中丞奏請整頓，已丑歲試，曾見通場銀頂。〔受福案〕道光以前，塾師出門，冬閒必戴頂帽；提籃買食物，則去珠留盤，示與無功名者有別。餘人非捐納監生者，不能混戴。新正上元前，市肆中人多戴空梁大帽，至咸豐初，此風漸變。庚申亂後，昏喪之家，客來無戴空梁帽者，而「無名頂」乃充塞道路矣。

綾羅花樣，始尚縮雲，徧地龍香草；近尚卍字、疊菊、團龍、三陽開泰。國初顏色，最重石青、佛頭青，其紅青則赤色太浮，然南人作套，大抵皆紅青也。袍色染蟹殼青、庫灰、駝絨、米色、雁絨、荔支紅、秋香、朱籐，近日俱尚京醬色，所云京醬、實卽玫瑰紫也，唯微黑耳。其色濃豔，頗近閨閤。〔壽案〕花樣前尚蘭花、牡丹，近尚祥雲、福雲，顏色俱愛淡素。夏布向行海南，近則純用石城；崑山洋漆紗，亦罕見矣。

衣之巧製，有名「實行者」。烙鐵砑其痕，或闊一寸，或五分，或三分，輕絹爲裏，中襯薄絮，以針密縫之，一線到底者，名一炷香。否則四周起線，謂之打圍；有類釋子之衲衣，第彼則散而疏，此則整而密耳。間有刺成團花、團鶴者，亦頗不俗，然其費數倍矣。〔壽案〕「實行」近復盛行。衣之奇者，有名得勝褂、先鋒褂、阿靈台、巴圖魯，皆乾隆時所無也。〔受福案〕馬褂缺襟，爲便於上馬，製皆起於軍中。又有名軍機褂者；故袍必開氣，亦稱箭衣。

鞾有方頭，菊花結底；近行尖頭包氊，緑皮嵌線。鞋有智公、眉公、洋方、飛鳳、搭腦、關東等式。鑲襪上下兩截，謂之滿洲襪。護膝類刺雲鶴、鴛鴦、蝴蝶、蔔萄。聞曩日郡城無鞋襪鋪，今乃小兒履，亦向鋪中買之。〔壽案〕靴鞋之底，前薄今厚，前紙今氊。鞋之花樣亦多，如向行鑲鞋，大都雙梁；近則蝴蝶套雲，其邊又有九連環、卍字、西湖景、五色陸離、難悉數也。襪尚純白，間有青色；佛布最通行。寒氊夏葛，亦隨人所欲耳。〔受福案〕道光前，公服必穿方頭鞾，新郎亦然。後乃通用尖頭。向皆綵底，製極輕軟，厚必盈寸。光緒之季，忽改紙底，薄不逮半寸矣。

婦人衣，初皆短狹，一變而爲長裾寬袖。色取淺艷，如蘋果、蘭花、青蓮、楊妃、魚白之類，以皂爲緣，名曰滾邊。上下聯以鈕珠，或炸金或鍍銀，亦有蓮蓬、套環等式，間以瑪瑙、美石爲之。近日則競服馬甲，其製創於姑蘇，實卽半臂之短者耳。其襟有斜、有直，直曰對胸，斜曰琵琶。未幾，又盛行馬褂，與男子無異。〔壽案〕婦人衣，前行通身繡花，近則用繡花條鑲邊，益以芙蓉帶桂子；而式之短，色之淺，又不待言矣。鈕則用鬼子扣，其扣有洋人面，或發藍或如時辰表；甚則仿其式，以金銀打成。男子亦效之。

追師見於《周禮》，副笄咏於風詩，皆婦人首飾也。後世翠翹頭䯼，卽其遺製。今謂之盤圈，然非大事不戴。時妝率綰髮分梳，攲斜向後，貫以犀簪，卽所謂墮馬鬟耶。以纖羅綴於額，已嫁謂之包頭，未嫁謂之搭頭。包頭衹多一結耳。新式低垂如鼻，當面貼翠，含珠一顆。至冬寒，更以玄綃護髮之前後，前名美人兜，後名浩然巾。蓋不覆貂茸，嫌其似塞上蕃姑也。〔壽案〕六七歲時，見婦人梳頭多用鐵圈，呼爲元寶頭。旋變爲散盤，則扁而圓，俗稱背蘇州。今則又長如雀尾矣。包頭非大事不戴。便帽則有鯽魚兜、漁婆兜、西施兜，前於耳邊垂鬢兩掛，近則金繡錯落，愈出愈奇。冬則有觀音兜，貂尾一變而爲獺皮，雖無監亦莫禁其刻劃矣。更奇者，婦人帽花，卽古之金鈿。而近時男子亦必以珠寶裝飾，髮蕭蕭而鬚鬑鬑，將效顰西子哉。

女子纏足，世謂起於南唐宮嬪窅娘。然漢《雜事祕辛》已載，如「約縑迫袜，收束微如宮中」等語，非纏足而何。今吳人皆以纖弓爲妙，其足趺稍長者，競作高底鞋，卽梁詩所謂「畫屧重高牆」也。鞋以羅絹爲之，盤雲頭花朵，飾以明珠。又睡鞋軟底，不染纖塵，曉起，暗藏芙蓉褥底。〔壽案〕女子纏足，事最殘忍。且果以纖纖爲美，豈有女子導之使淫哉。〔受福案〕女子屈足受纏，向頗疑其矯揉多事。光緒中年，忽有舉「天足會」者，喜新之家，婦女競效之。於是廢棄約縑，三五成羣，招搖過市，恬不爲怪。始悟古來以此約束閨闥，具有深心。

觿礪之屬，古人所佩。今於腰帶兩旁，雜繫小刀、荷包、手帕、扇袋、煙插等物。小刀貴京師所造；荷包亦以宮製爲佳；手帕有斗方、單聯、雙聯，皆湖縐織成；扇袋、煙插，盡屬女紅，捺綉挑羅，其製益精。荷包描繡秋蟲，小折俱在半邊。近婦人戴花亦然，名曰半邊嬌，亦曰半邊俏。〔壽案〕腰閒所繫，又有眼鏡袋、牙籤袋、鼻煙壺、時辰表、參包、帳插、忠孝帶，其物不一。

摺疊扇，初行白面，雜題詩畫；繼行黑面，字以泥金，或籐黃書之，人目爲雅，白者頓廢不行。後復有石青面、灑金面、倣宣德紙面。骨以竹爲上，檀香削成者，脆而易折；其餘彩漆、剔紅、螺甸、紫檀，俱不及竹之滑熟；竹又有湘妃、桃絲、椶竹數種；柄骨方圓不一，其形如雞腿者，曰朝扇。〔壽案〕夾骨扇，每角雜以書畫，行之不久。旋有竹骨刻字，孫茂才秋塍精其技，一時競尚，雖有倣之者，弗及也。現重洋漆骨，而烏木、桃絲、白竹亦不廢；至湘妃竹、椶竹，則一柄須數金矣。〔受福案〕同治間，摺扇有長至足官尺者；紈扇有蒙兩面不露骨者；大而且重，旋即厭棄，遂縮小之。不意光緒之季，競效東洋摺扇，竟小至四五寸，紈扇團圓僅如菜楪，委瑣可笑。世風日趨澆薄，即小物已可見矣。

蒲扇來自粵中，新製益巧。馬鬉結邊，椶竹、瑇瑁等爲柄；扇牌雕鏤象牙、沈檀，或蹙綺作人物，較吳興羽箑尤佳。涼鞵向唯黃色草底者，今皆染以皂，藍絹托裏，元繒鑲成花樣，底亦用氈，微薄而輕。兼有女鞵，亦作此製者。〔壽案〕蒲扇，在嘉慶中年忽傳一種，薄如紙，明如鏡，問價千文，七八百文；不數年則減至四五百文；既而百文亦佳。聞彼處取葉之嫩而圓者，上用遮護，風雨不侵，故出愈多值愈賤矣。近杭州又有紙扇，或漆或油，謂之鴨腳扇；究不如蒲之古雅。涼鞋，小兒亦有，肩挑者多向炎天賣之，與籐枕、篾席、竹衫相類。

婦人繫臂金條脱，今有以籐屈而爲之，金鑲其斷處，謂之籐鐲。亦有帶香珠、茄瓢珠者。復精指環之製，其式有一方書、馬鞍樣、韭菜邊、連環圈，或葉子金、珊瑚珠、紅瑪瑙、羊脂玉帶者，一指上多至四五枚；男子頗效之。粉院狹邪，小伶勸酒，往往爲私贈之物。〔壽案〕婦人裝飾，夏天俱尚玉器，故玉手鐲亦必需之物，然富貴家又以翡翠相耀，玉并不屑也。

〔壽增〕冠笄之禮，俱於將婚時行之。婚禮，聯姻曰報吉，曰對親；請期曰準日，則男宅投之以茶，女宅報之以餻；餻必返其半焉，謂之兩頭高；次日各分遺戚友。其餘物之豐嗇，悉隨家之貧富；而鄙陋之徒，乃有嫁索聘、娶索奩、媒妁索花紅，其事煩瑣，君子譏之。

禾俗重親迎，豪家富室，必盛騶從，鳴鑼喝道，居然官長也。新郎雖白衣，亦蟒服數珠；甚至僭踰有戴紅頂者；戚友少長，衣服甚都，導於輿前，謂之陪娶。新孃乘彩輿，燈光映射，婢媪隨其後；手爇安息香，氤氳之氣達數百步。〔壽案〕嘗見一新郎，白衣而戴紅頂，因族中有官方伯者，衆人慫恿之，殊不知其僭越已甚也。其人竟夭折。又奠雁之雁，以鵝代之。

新孃裝束，仍依古制，袍帶冠帔，多賃之市中。及至壻門，候吉時出轎，先設一馬鞍，跨之。交拜禮成，儐相以紅緑汗巾綰同心結授二人；新郎退行，二童子執燭前導；樂人笙歌，送入畫閣，坐帳撒果；女儐鋪設衾枕，必作吉利語唱之。是夜，少年親串，類於房中極意謔浪，謂之鬧房。明日醵金設讌，謂之暖房。〔壽案〕俗例甚多，如換寶喫糖，照鏡掠髮，斬蔗換緣，鄙俚不堪，悉可删也。至三日則有參竈、謁家廟之禮。逾月則有回門之禮。近來，應三日者則當夜，應逾月者則三日矣。且六月中，新嫁女必歸，謂之歇夏。歇夏二字，殊堪噴飯。

〔壽增〕女嫁數日後，兄弟往視，必備多儀，謂之望朝。自是而往，則有望對月、送立夏、送端陽、中秋禮、年節禮；受孕則有催生；生甥則有三朝、滿月、晬週；甥就傅，則有上學饋贈之條，不可勝數。是故，多女之家，有因此而致貧乏者，蓋此等靡費，比索逋更甚也。

〔壽增〕小兒初生，以四黃湯灌之。三朝洗浴，作湯餅會，染雞蛋作猩紅色，置麪上，供於房中，謂之獻監生。則以監生娘娘爲主，而牀公牀婆與焉。獻畢，以蛋麪分送親友。彌月始薙頭，擇日齋佛，賀者盈門，筵宴甚盛；亦有演劇者。週歲復如是。盤中羅文具及刀尺、銀錢、食物，任小兒隨手取攜，以卜其志，謂之晬週。蓋卽曹武惠王以百玩羅於前，《顏氏家訓》所謂試兒是也。稍長，倩湖州痘科老醫種痘，較之自來者易愈。或十二朝，或十六朝獻痘花，設席請客，好事者大抵皆然。

〔壽增〕祝壽之禮，每於生日行之；預期遠出，謂之避壽。延僧衆作佛事，謂之壽懺。紳士有徵詩啓；否則送壽單，賀者盈門，十年一舉，誠盛事也。乃有後生小子，當壯强之歲，行耄耋之文，其名則是，其實則非，能無貽譏大雅乎。

〔壽增〕士子入泮，藍衫朝帽；或插花披紅，肩輿昂然，奏樂前導，排列彩旗，製吉祥語數聯；家人持大鵝毛扇，從旁披拂。先至郡署，然後分投各學行禮，既而到受業師家拜謝暨親友處送試卷；賀者不過紙筆、書畫、摺叠扇而已。鄉試之年，闔家禱祝；關切者亦代爲求籤問卜。試畢回里，則人人皆新孝廉也。出榜日，西門外接報者如蜂如蟻，一郡若狂。獲售之家，門庭充塞；附勢者流，平日不相識，此時贈金贈米，惟恐不周；而同姓者，遂相聯譜，殊可笑也。

俗惑鬼神，一抱微疴，則破廟籤經，叢祠盃珓，無弗徧也。又必問之卦肆，卜者隨意判之，其神如五聖、土瘟司之類，皆饗之於地。甚者集十人姓名，禱於城隍，祈各減壽算以益病者，謂之保福。其實徹其餕餘，止圖醉飽而已。〔壽案〕東郊有包廟，不載志乘。意謂與包墳相近，當是包氏家廟。乃道光初，里人修葺之，并其神像裝如包孝肅。近聞亦有仙方，俗以包龍圖爲閻王，今欲生而求之閻王，何其矛盾耶。卦肆，在西門外有楊學山，北門外有錢爬潭，愚人最信。故嘗受方外賄囑，肆口嘈雜；曰某處神爲祟，當許願或念經拜斗以禳之；當請某處僧人、某處道士；而庸醫亦暗贈節儀，冀其卜醫時稱道也。

〔壽增〕禾人最佞佛，而諂瀆鬼神，亦由積習。如人死之後，火居道士環尸而誦「度人經」爲繫念；僧尼席地而念「往生咒」爲普佛；或五朝或七朝或九朝，大抵晨鐘暮鼓，一心懺悔而已。至於附身、附棺，則草率了事，殊爲痛恨。然未已也，或停棺不葬；或厝地不遷；或不封不樹；而七七之期，喃喃不輟；清明、夏至、中元、小春、冬至，三年中周而復始，非僧卽道，非道卽尼。又有無賴之徒，自稱杜和尚、杜道士，喪主奉爲上賓，忽而大悲懺，忽而梁王懺，忽而淨土懺，忽而玉皇懺；而尤可惡者，則九幽拔罪懺、壬申懺。夫父母已亡，何忍貽以惡名，而謂必犯罪入地獄當拔之也。俗又謂壬申卽人生，拜卽超生。輪迴之説果真，亦豈陽間所能轉移，種種不經，難以悉數。然猶未已也，過此而陰壽周年，均十年一舉，按期而作，若骨肉未安，直置之度外。是故，有家漸彫零不能營窀穸；或子孫衆多，互執己見；遂至數十百年後朽骨暴露，深可憫也。苟有鄉先達暨賢有司循循化導，俾人人知反本而不惑於邪說，斯牢不可破之惡習，一旦掃除，不亦快乎。

〔壽增〕附棺有寶鈔銅錢七文，飯碗二隻；斂尸用蓑草、炭屑、右灰；閒亦綿及松香者。俗誤解《四書》注「喪具稱家之有無」句，將死人衣於橋上，稱之「又死後到陰陽生」。家以「六輪經」辨死者生肖所忌，算其回煞之日爲批書；鄰里親友以繽帛繸之爲上緗；初請靈於堂曰轉必然燈焉。一二日小斂，請方丈僧封棺，棺上男左女右，敲蓮花釘名子孫釘；靈前設白布帷，招魂幡書生没；題旌者概書鄉紳姓名；粟主悉金漆像，雖布衣亦用補服。〔受福案〕禾俗，斂用妥作，以此爲業，藝精而熟。棺底鋪炭屑，避樹根也；上蓋散石灰，取乾燥也；再以石灰方包儭尸兩旁，布護周密，仍滲散灰，嵌平罅隙，俾尸不虞傾仄，其法最善。他若松香、蓑草諸物，都不可靠。〔又案〕石灰性燥，久則彌堅，斂既宜之，葬亦有然。葬法，昔用甎壙平砌土面，歲久壙門甎落，狐兔穴其中；致令盜探衣飾，獸銜尸骨，覩之慘然。兵燹以後，盛行三和土。初以石灰、黄泥、河沙拌勻杵實，後嫌沙性多鬆，專取石灰、黄泥兩物，或取烏、樟葉汁和入，尤覺黏韌。下窆時，掘地四五尺，牆用版築，不加甎瓦，爲脱板三和土，此善之善者也。無力之家，則專用石灰，埋地四五尺，亦殊不惡，俗所稱白雲葬也。

〔壽增〕受弔，俗謂開喪。有擇日者，數日前先請翦蔬酒；屆期門前高廠中懸大球，謂之魂球；東西轅門，鼓吹作焉；戶設大鼓。多者三重，職官五擊，平人三擊，僧道二擊，尼則一擊。弔者至堂，有更衣鏡，然衣不更也，不過加一帽罩耳。設靈之所，用布結門，〔受福案〕布結之門，俗呼塞門。二僮司之。聞鼓聲，啓而入；有服者咸在，婦哭於帷中；行禮畢，儐者喝曰：「孝子出帷叩謝」。〔受福案〕後漸簡率，僅擇顯者、尊者，呼出帏叩謝，餘則否。擊磬一聲，則弔者疾趨而出矣。但見賓朋滿堂，一切諂容，不可言狀；而富貴者居多，俗所稱矗鐙架子也。甚者仿前朝天凝寺僧之意，邀請現任之雜職官，及在籍之紳士，親臨一拜，厚送程儀。因有徐姓者，即效邱的篤之所爲，素不相識，袖致對聯，需索陋規；倘鄰居有喜事，又顧而之他。厥後傳其衣鉢者，人概呼之爲徐送對云。

〔壽增〕題主一事，安神之意也。故必擇有德者題之，否則至親契友亦好。乃時尚奢侈；務崇規模，不論品行之優劣，但論爵位之高卑，故尊之曰大賓；並有欵接者，亦顯宦也。又有襄事二人，孝廉爲上，茂才次之；祀土間有，特不常見。〔受福案〕題主必擇顯者，先期浼人關說，踵請於門；迎以牌傘大轎，鳴鑼喝道而來；禮畢厚饋贐儀。然猶必取世交或姻親中前輩，不至漫不相識也。乃題旐亦然。素無瓜葛，無待關說，貿貿書之，更覺可怪。蓽門圭賓，竟可用宰相出名，俗謂之看座臺。蓋旐即銘旌，古於下窆時覆之棺上，今則不然；三年撤座，并靈套、靈前鐙之屬，同付一炬而已。

〔壽增〕舉殯者，舉而殯之之謂。乃有不到墓地，而租屋暫寄。出柩時，前呼後擁，亦極紛華；其開路者，則有麒麟、方相，以紙爲之；既而執事羅列，傘扇高撐，金鼓齊鳴，笙簫並作，間以鐃鈸之聲；衣冠楚楚者數十人從而和焉。香亭、神亭、魂轎、柩車，陸續繼進。〔受福案〕品官必有誥命亭，黄執事前列。光緒年來，紳富之家，忽請營兵，掌號肩鎗，排隊護送，以示炫耀。殊不思死者嘗掌兵權，或尚可行。否則竟似押送囚犯矣，能不令人齒冷乎。厥後，小輿參差不一，則眷屬也；哭聲震天，而孝子孝孫，兩人掖之，在柩前彳亍行，垂頭下氣，手扶藜杖。〔受福案〕孝子孝孫在柩兩旁傴僂而行，蓋寓扶輿之義。今忽有用布幔，以僕從多人圍之；前行巧避路人耳目，歸途或更混坐白轎；揆諸孝敬之意，其能安乎。又有舍陸而趨舟者，則小艇百餘號，大艘數十號。蜂屯蟻聚，填塞河流，更至喚取名班，沿途唱戲，背理滅倫，莫此爲甚。〔受福案〕舉殯而用此種排場，悖謬甚矣。近却不聞。其路祭數處，皆喪家自爲之；而屈人拜獻，旁觀者無不捧腹。

〔壽增〕停喪之事，前古所無。自建安離析，永嘉播竄，於是有不得已而停者。吾鄉多惑於風水之説，一時不能覓地，或賃屋賃地停棺；而鄉閒又非大臘不得營葬；是以隱僻之處，纍纍乎皆暴露之棺。昔唐灝儒有葬親社約，桐邑張楊園先生踵行之，誠爲美舉，惜近無繼其事者。嘗慨世之人子，有年遠而不思所以安其親者矣；富者則曰無地，貧者則曰無錢；怠緩因循，遂啓盜賊開棺之釁。至火葬，本干例禁，而愚民昧然不知。往往有蓄一棺而易數人者；有焚其尸而賣其棺者；尸身未壞，甚至剥膚折骨，慘毒百般。又數月而殤者，以綿裹之，掛於橋下，或臨流之樹上，謂之風化，久則墮於水底。夫火焚風化，皆本外夷邪説，光天化日之下，豈容此等不法之徒哉。

〔壽增〕壽衣店專貨喪家之物，約略已行二十年矣。其物雖不中用，但取價賤，民甚便之。〔受福案〕壽衣價值，例必虛開，向不過一折。後有議作三四釐算者，蓋喪家以多用爲體面，且示不薄其親。甚矣，人心之欺詐也。

〔受福增〕禾城四門，風景各殊。昔諺有曰：「北門米腳子，南門大襶子，西門叫化子，東門擺架子。」蓋北市向多米行；南市極短，止通鄉檝，無大店鋪，僅見鬻餻糰小經營，而某家角黍最大，鄉下人競趨之。出通越門卽西水驛，江湖流丐，泊舟於此；遇官舫往來，索縴夫驛卒，恒招以應差。至東門外之甪里街，則紳富所居，門楣連亘，其地面南大街，後枕小港，宅基有深至十三進者，愈進愈高，屋宇邃密；有事則牆門大開，沈沈然止見韡脚，觀者艷之。明季紳勢煊赫，餘風未泯；廬於是者，深居簡出，奴僕成群，舉止必倣官場，故有擺架子之稱。咸豐兵亂以來，甪里街彌望焦原。商賈咸集於城北塘灣，不獨米業稱盛；南郭鄉市稍旺於前，惟西驛丐夫如舊者。又三四十年，迨光緒之季，新政行而廢郵用電，官僚改水道而就火車，丐夫既無所用，遂亦舍而之他，景象斯大變矣。偶憶前諺，不愈深今昔之感哉。

卷三

嘉興　項映薇朱樹　著
同里後学王　壽補樓　增
同里後学吳受福晉仙續增

〔壽增〕義舉如掩埋會、恤嫠會、普濟堂、同善堂、育嬰堂、義學之類，七邑中樂善好施之士，悉數難終。特其閒弊竇甚多，若非專司者盡心竭力，至公無私，鮮有不名存而實亡也。

〔壽增〕水龍之設，由來久矣。其法大戶出錢，小戶出力，至周且備。火發則以鳴金爲號，頃刻閒，各坊之龍星飛赴救，雖有延燒，不過數家。至秋冬時，司事以酬神爲名，必演劇盛殺相欵；運龍人居然上坐，意氣揚揚。蓋由待之誠敬，足以感動其心，故踴躍從事。然向用籐斗，取水神速；近需擔桶買水，未免稽遲。余每議復舊章而不果，惜夫。

〔壽增〕制義，在有明則推黄學士洪憲、馮祭酒夢禎；國初王邁人、俞相川兩先生，均爲傑出。又有袁學博祩，字丹六，選《神臯集》盛行於世。迨乾隆時，則陳澹川、吴蘭陔、汪雲壑諸先生，卓然成家。近時推重朱雲麓、沈蓮溪兩先生。吾師郁彝齋先生，選《墨商初》二編，應試者奉爲金丹，案置一部，亦當世操選政者所不及也。

〔壽增〕五方雜處，聚族而居者稀，然置義田、立公祠者，世家巨族，亦多傚范文正公之所爲。沈侍郎小湖先生，自奉儉樸，以宦資分潤親族故交，尤敦古道。錢氏、汪氏世系雖繁，情誼亦厚。

〔壽增〕地處卑下，民多柔弱。應武試者，騎射便捷，刀石莫勝。故鄉榜雖有其人，而會試自乾隆以來甚少矣。〔受福案〕禾中稱武世家者，嘉興則太僕灣王，秀水則博古堂金，時有捷乙科者，若甲科則兩家均無有也。考志，康熙中有徐綬會元、蔣元鍸侍衛，皆嘉興人。此外則兩邑均未聞也。

〔壽增〕書法之工，老輩競稱朱誠之，近所見者，張叔未解元擘窠大字，孫秋塍茂才蠅頭細楷，一時無兩。其餘學晉學唐，摹趙摹董，或神似或形似，正復指不勝屈。丹青前推南樓老人、蘀石翁。近所見者，則以周于邰、馮秋鶴二先生爲最。

〔壽增〕吾郡珍藏，前朝以項氏天籟閣爲第一。今新篁里張解元叔未先生所收金石亦富，書室號八甎精舍，因物以名居也。

〔壽增〕孟子「不違農時，穀不可勝食也」，注：農時謂春耕、夏耘、秋收之時。今鄉人多於春間種麻、麥之類，謂之春熟。又以蠶事未畢，至四月始播穀。芒種後將秧分植田間，則插秧是也。不知拔而更種，根本已傷，何異揠而長之者。且時或亢旱，未有不立時枯槁；梅雨驟漲，又短而易没；其根既淺，其莖亦弱，并不足禦秋風。故雖豐年，收成歉薄，不免啼饑號寒，鬻兒女以償逋。揆厥所由，大抵皆失時之害也，嘗聞伊尹區田，每畝可收穀六十餘石。康熙時，桂林朱公龍耀、官蒲縣知縣，行之收穀三十石；雍正時，直隸巡撫李公維鈞，在保定城内行之；據稱尚未如法，已得穀十六石。近江蘇潘公子曾沂，課種已有成效；大旨在「深耕早種，稀種多收」八字，惜無有以其法試之吾鄉者。

〔壽增〕蠶喜溫和，而亦惡燥烈。故蠶房宜以蘆簾圍之，取其不通風而通氣也。向來育蠶尚少，近則年盛一年，然但知禁忌，而悉務貪多；故攤烏之時，猶不費力；漸而出火，漸而大眠；則有時葉缺而蠶饑矣；有時葉濕而蠶病矣；甚至不及抽翻，内蒸潮氣；無從遮蔽，外受冷風；是已傷而望其吐絲，未飽而强之作繭，能乎。蠶桑一事，郡志載之詳矣，聊綴數語，以明廣種薄收之弊。

〔壽增〕女紅、蠶織而外，出於十指者頗多，蓋土風勤儉，由來舊矣。閨閣中自食其力，比比而然。嘗有拙夫娶一巧妻，非特免内顧之憂，而轉叨内助之益。故貧戶雖多，而沿門乞食，倚門買笑者，絶少。〔受福案〕女紅刺綉，俗呼做花。有綫繡、絨繡之分；餘若撩繡、撟繡、繞緝、打子、挑紗、蹙紗，名目繁多；用金綫則盤金、平金又別。其教師開門聚小娃十數輩於一室。映日篝鐙，昕宵不輟；師於此校其工拙，區其勤惰。靈且敏者，每日博工資二三百文。鬥巧爭奇，興高采烈，卽以閑其邪蕩之意，功不亞於織縑也。自光緒之季，女學堂開，刺繡之工寖廢，而閨閣中風氣爲之一變。

〔壽增〕古者日中爲市，交易而歸，故無此贏彼絀之弊。後世競趨賣買，夫然而黄白獨貴矣。江浙在國初時俱用銀，卽肩挑貿易，亦作銀價，至乾隆則漸用錢矣。斯時國富民殷，故無私銷，亦無私鑄。迨嘉慶初而洋錢始行，然猶止濱海數省耳。今則洋錢幾半天下，而入市俱問洋價若何。銀既走漏於外洋，錢且鎔化於内地。向者錢易銀，大約一千兑一兩，乃漸加至一千四五百，則銀少之明徵也。向者錢易洋，大約八百換一枚，乃漸加至一千一百餘，則洋重之大較也。禾郡雖處偏隅，然在蘇杭之閒，爲南北要道，商賈輻湊。操子母者，每雇捷足報信，正非若深鄉僻壤市價不同，故得誌其大略如此。〔受福案〕光緒之季，制錢日少，各省鼓鑄銅元，皆當十文，而嘉屬市上止作八文用。蓋始則效尤紹興，繼則受脅湖州，官不能禁，致令姦儈上下其手，何歟。

〔壽增〕田價至嘉慶中年貴極，上者須三四十千錢一畝，次亦須二十千錢一畝。自道光三年後，多水患而完糧之累日重，由是有田之家漸皆賣田，無田之家不敢買田，而田價逐年趨賤，或四五折，或二三折，甚至不值一錢，任其荒蕪，無人管領，將來更不知伊於胡底也。〔受福案〕同治閒嘉興田，上産畝不過十元；尋常交易多中等，價在五六元；今則上産索二十元矣。秀水上産，其時亦止二十，今則有需三十外者；荒田皆爲客墾成熟；而米價逐漸騰漲。宜田價之日增也。秀轄田面較寬，産米顆粒圓綻，收成特勝。

人家延新客，或婚嫁壽誕，盛饌必以十二簋爲盡禮。席前，樹看果二柈，如甘蔗、荸薺、橙橘之類，砌成樓臺人物。正席後，再上翻席十六楪。紳衿家嫌其入俗，殽用五大簋或七大簋；先上圍楪，中上茶點，席上止列插屏、香几；間遇梨園侑觴，則亦不免。〔壽案〕此時以八菜、四小喫、四點心，十六楪爲上。冬天用火碗，爇以燒春。酒令套杯，藏花牙籤，紅樓夢人名，亦雅。

入饌之物，燕窩爲極品，尋常不用也。其次魚翅海參，至鼈鯉蟹蛤之屬，各以時薦。花猪止重其蹄，羹取雞鴨；豕肉聶而切之，糝溲之以豆粉；其他餅餌如蛋糕、湯餃等，品製亦隨人巧拙，不能悉舉。〔壽案〕鴨餛飩，本携李土産，方干詩所謂「秀州城外鴨餛飩」也。然近來飲宴絶少此物，惟鴿蛋、黃雀及小品中雞腎、鴨掌、芙蓉蛋最珍。

世俗茹素，有斗素、雷素、心素、觀音、三官等名，今持三官者更多。按《冊府元龜》載，唐開元詔敕每年正月、七月、十月、三日起十三、十五，並宜禁斷，此卽三官齋之始也。又齋滿次日，謂之開葷。此風已見六朝東昏侯喪潘妃之女，閹豎共營殽羞，云爲天子解菜，正其義也。〔壽案〕雷齋有大小之分，大雷齋逢辛年吃一年，辛月吃一月，辛日吃一日，再加朔望、初六；聞雷聲則跪，謂之接雷。據此觀之，是合雷素、辛素。而又誤之也，然彼愚夫愚婦，方謂雷神乃辛天君，故於辛日致齋。抑知辛天君卽有其神，豈專主辛日耶。卽因其姓辛，而主辛日，豈復有甲天君、乙天君，主甲日、乙日耶。陋習相沿，甚不可解。

仲安橋某家酥猪頭，板橋吳家五香雞，南縣橋周家五香雞，北門孟家喜蛋即鴨餛飩，秀水縣西蔣家大饅頭，魁星閣前歐家水晶糕，韭溪橋某家三鮮麪，皆擅名一時。〔壽案〕諸家全已烏有。近則南門王家，東門施家熟食，集上錢燒鳥，北麗橋蒲雞，橫埭某家三鮮麪，秀學前某家燒餅，春波橋陸協和火腿，牙前橋許仙仲紹酒，俱擅名。〔受福案〕王江涇孫家館鹹菜凍麻雀，楓涇丁義興凍爛肉。烏鎮許家醬雞，皆馳名甚遠。王店母猪肉，味亦香美；春波橋錢家早麪，佐以白切雞、蟹羹等，鮮美勝於他處，人呼爲小手家小麪，每晨座客恒滿。

生祿齋謝氏茶食，有風消雲片、太師餅、東坡酥，味極精細，入口而化。近吳鼎盛繼之，頗不相讓。又駟馬橋孫家合醬尤佳，俗呼爲梅孫，蓋造醬多於梅天也。〔壽案〕郡中月餅、王店薄脆、嘉善參糕、平湖姑嫂餅、桐鄉水糕，俱稱佳製。醬小菜，則蓮花橋張舜揆爲第一。

春餅作於立春前後，肆中低懸小圓牌，上書「應時春餅」。爐安平底鐵盤，揉麪成團；炭既熾，以麪團於盤心輕摩之，乾即揭起，一翻一覆，頃刻成累百葉；圓同手掌，薄似春綿，積至數寸，冪之以巾；買付廚娘，切肉縷雜，以韭芽筍絲，捲如鵝肪；持齋者則以薺菜、蕈菌爲餡，或蒸或煎，俱可。〔壽案〕茶肆中又賣燒麥，搗蒜和食。剪紙書「多肉燒麥」貼於招牌之右。

寒食節，有青糰灰糉。鄉人則作繭糰，其形如繭，以祈蠶也。立夏節有麥芽糰；端午節有端午糉；七夕有饊子、油堆；中秋有葷素月餅；重陽有栗餻，上插小紅旗四面；臘月祀竈有湯糰、赤豆飯；新歲有年餻、元寶、壽桃等制。〔壽案〕湯糰俗又呼爲元宵，言如元宵之月也。〔受福案〕重陽日，以赤豆和糯米煮成團食之，謂之餈糰飯。

春初，韭芽新出，僅一寸銀苗耳，販者貯小篾籃，擔入市，其價甚貴；數日漸黃，匝月而青，則豪富之家登俎者絶少。筍之早者，曰燕來，價亦頗昂，至三月間，則繞街徧賣，貧人無不饜飫矣，其晚出曰孵雞腿；吳人謂筍爲杜筍，以別山筍也，鄉間直名爲蘿蔔。〔壽案〕筍與損同音，鄉人不稱筍者，恐損蠶也。此等俗忌，亦所不解。

油菜俗名臺心，因其花心如臺也；葉細而肥，莖長而嫩，吳地最多。晚春時，野航聯尾而來，朝曦乍出，懸繩一桁，至日暮疊入盆盎，匀灑白鹽，微揉即止；隔宿，其滷滉瀁，取而寸斷之，大堪佐酒，名曰水花菜。或煮半熟，曝之數次，乾藏深甕，以配豕肉，味極香美，名曰菜花頭。〔壽案〕屠廷楫《臺菜詩》即咏此。

蠶豆莢，腰長而肥，或謂其形如蠶；或謂熟時正當吳蠶上箔，故以爲名。小粒初胎，祇堪作菹耳；漸至圓綻，生食甚甘；經阡陌者，且行且啖，村農弗之禁也。采之入市，盈筐滿筥，小兒女爭剥，以誇迅速。煮食，或至廢餐，并堪夾飯，即老人亦不憂哽噎；或去其皮雜以餳，名豆沙。春夏閒堆殼街上，曝乾亦可作薪；然路人躡之而滑跌者，屢屢有之。〔壽案〕蠶豆味頗不惡，然多食壅氣，所謂豆令人重也。豆萁與麥柴，俱可代薪。

豆既老，或水浸盆中，旬日後即發嫩芽。或擊之以槌，扁而不碎；或製以甜醬；肉鬆而皮自脱者，名曰羅漢豆；或翦成蘭花，以油沸之。炎天暑夕，食澹味者，取以配瓜茄之類，亦殊不惡。〔壽案〕又有羊眼豆、裙帶豆、含豆、黑豆，皆堪果腹。若豆腐，則用黄豆。

荷花紫草，本壅田物也。蔓延畦閒，與油菜同時，黄紫錯雜，望之真如錦綉。又有佛女頭，亦草類。此二者皆堪供饌，然第爲田家所茹耳，城市人勿貴也。〔壽案〕此草花開如茵，可坐臥，游人藉此泥飲。

茭白、豆芽菜，俱夏秋閒物。豆芽貴菉豆所成，黄豆不貴；賣者以水潑之，一宿而生，俗謂之嚼白蛆。然至潔者，莫如此物爾。茭白即菰米，以刀剞其半面，肉如小兒臂；梢至長，束之以草，晨經委巷，颯颯然響也。食者棄殼於河，交横水面，花鴨戲唼而浮沈焉；半爲罱泥者牽去。〔壽案〕豆芽菜亦有用赤小豆發之。茭白一名彫胡，性宜水，河泥壅根，逐年移之則心不黑。

莧菜、赤白二種。赤者作羹，菽乳盡變紫色，易使人憎。然俗謂六月不可食，其言無驗。芥菜亦有數種，惟婆婆芥差勝。又有黃矮菜，最肥大，自武林來者居多。入冬有青菜，家家醃之盈缸；其法於鐙下繫新草履，蹴踏數四，壓之以石，浹旬始熟，所謂凍虀是也。春初更以其餘，煮而曝之，謂之霉菜。其他菠菜、蒿菜、小白菜、蘿蔔菜，皆人常饌。〔壽案〕莧菜同鼈食，腹生小鼈而死，芥以「春不老」爲第一，譚舟石鴛鴦湖櫂歌「甕菜但攜春不老」是也。黃矮菜以北地來者爲貴，價亦甚昂。蘿蔔霉，懸之檐際，可治喉痛。

〔壽增〕小菜行，聚鉏家橋。肩挑者，五更時負筐而往，謂之出北行。近娛老橋陸元隆家，交易者頗多。

〔壽增〕山藥宜蒸食，芋艿宜煨食，百合宜煮食，香椿宜醃食，馬蘭、白苣宜鹽醋拌食。

蔬菜瓜豆製之佳者，有茴香蘿蔔、餹醋蘿蔔、春不老、榨臺心、五香冬菜、蒜苗糟筍、豆豉包瓜、落蘇刀豆。又有烘青豆、醉長生果、醬核桃、丁香蘿蔔乾。〔壽案〕蘿蔔，紅色者絕佳，故種者亦廣。薰青豆卽毛豆，京都以爲佳品。

冬春米，止行江南數郡，至江以北，估客不問也。以白米蒸而黄之，驟熱者謂之發急貨。隔三四月，以漸而熱者謂之自來紅。其色鮮潤，擅名者曰陶米、顧米。〔壽案〕冬春愈久愈蝕。「發急貨」煮熟飯，或滚水置之囤中，其速者只七日。市儈攙入圖利，貧民恒受其欺。

餹坊專造諸色餹品，如斗夾、裹餡、餹球、餹餅，以及窩絲、寸金，澆成仙人、獅鹿、蒲扇之類。擔行者擊以圓鉦，前街後市，鏗爾相應也。至寒夜，作紙鐙護風，霜花鋪地，草履穿冰，一聲漸近；巷門人家，早啓戶以待矣。然大抵賣與蒱簺者居多。〔壽案〕餹用米擣成，故餹餅同梨煨食，可愈傷風。

吾禾酒最惡劣。上者爲三白，次者爲十月白，又次者爲月月白、中山酒。惟三白稍佳，然人嫌其燥辣，飲者絶少。肆中衹有十月白以下數種耳。隆冬曉寒，置暖鑪招客，謂之「裹翻綿」，亦謂之「軟飽」。冰雪積地，開門即拚一醉，游惰之民，往往酣呼市上。〔壽案〕土酒俗稱時酒，亦曰黄酒。自越釀盛行，好飲者皆不顧而唾。

三伏有藕粥、熟藕、紅棗、扁豆、緑豆湯、梅醬、涼粉、香薷飲，擔歇橋邊樹下，涼蔭生風，行者就食焉。寒天有葷素餛飩、湯粉餌、餹煨芋魁、油灼豆腐、熱火酒，擔者敲竹以行，其聲閣閣。〔壽案〕近有絲粉、石花，而香薷飲未嘗見也。涼粉即冷粉，陸游有「小擔過門嘗冷粉」句，蓋當時已行之。〔受福案〕向有無餡細粉圓，一文錢可買十枚，名十個頭。白水小糉子，以新竹葉裹之。又有砂仁豆腐乾、雞腸豆腐乾，今皆不見。

雪梅最鬆，落地粉碎。其次時梅，善製者包以紫蘇，謂之衣梅；配以餹薑，謂之白梅。李有潘園李、徐園李、夫人李、紫粉李，所云檇李，今祇存官灘數株，味較他李爲甜脆，以有西施爪痕者爲真。其餘枇杷、桃、杏、楊梅、紅菱、鮮藕，産者甚多。閩中鮮荔支，前年海風順，兩昔而至，一錢一顆，頃刻罄數桶。〔壽案〕檇李出淨相寺，寺僧因官吏索取之累，斬伐殆盡，此事真殺風景。然近寺人家，尚有遺種，一枚須百文，掐痕宛然，味勝尋常。官灘只杜氏一株，至徐園、潘園，皆檇李之變種也。

〔壽增〕羅漢果，出西門外桂華庵。幼時，老尼嘗遺此物，色紅如櫻，蒂青如佛頭，實則羅漢松之子也，家祖母呼爲仙果。

〔壽增〕胡桃樹，孫簡肅公舊第有一株。東塔寺朱買臣墓瑣瑣蒲萄，久無存矣。梨、棗、石榴，隨處有之；柹非一種，惟油柹不可喫。

西瓜以檀香蜜蔹爲上，大紅者亦佳，色白者謂之白婆，淺紅者謂之神面。買者以指彈之，卽知其優劣，謂之包拍。禪林山門首，或市橋涼棚下，蘆簾矮几，蠅拂絺巾，人行赤日中，銀刀快切，稍解暑暍。又有香瓜，卽甜瓜，形稍長；蜜團小而圓，皆沈於薛井而後食之。〔壽案〕蜜團卽金鵝蛋，近人多愛食梨瓜，以美如梨也。他若絲瓜、冬瓜、南瓜、生瓜，味各不同。〔受福案〕西瓜紅瓤最劣，後尚三白，謂皮、瓤、子三者皆白。近則多種馬鈴瓜，向出西塘，形長如枕。

菱以南湖産者爲最，所謂南蕩菱也，角圓而殼薄，肉細而味甜。其他産者，皆謂之北蕩。南湖水面平闊，種菱者周遭插竹，使青簾畫舫，曲折行菱葉中，亦佳景也。凌晨划小艇采菱，居湖濱者，四面招之，隨采隨買，以故入市者甚少。然北蕩亦未嘗不佳，俗以八斤爲一牌，每牌不過數十青蚨耳，酒樓茶肆咄嗟可辦。〔壽案〕兩角而彎者爲菱，四角而芒者爲芰，今所謂菱，實芰也。此物他處皆尖刺觸唇，獨出南湖者不然。漁洋咏之，誠吾鄉風味中最美者，若云一牌八斤，近亦不然，大約隨時價爲升降耳。

梅家蕩蜆，殼黄肉嫩；學綉灣蝦，抱子飽綻；菜花鱸不減松江四腮者；分湖鱭蟹，膏流黄滿；屠墳秋鳥，蒸食甚美；馬皋魚堪爲腊；黄雀食稻而肥，昔人比之披綿，亦有以專製得名，便於緘瓶遠寄。此外又有梅花土蚨、金錢蟹、醉蛤蜊。〔壽案〕屠康僖墓在乍浦陳山，向聞林木叢深，故西北風起，海鳥群集。前年往游，一望童然，所謂畫鶘、花雞、鑽籬，又安可得耶。黃雀出嘉善陶莊，又東陶莊亦有，見褚大愚詩注。〔受福案〕竹林廟菴雞筍，鮮嫩勝他處；桃花里鼈時軟殼蝦、殳莊港蟹、段墅鰻，均有名。海鹽沙虎，其小如錢，糟熟置酒杯，啖之有雋味，價貴。海鹽又有白殼蝦，鯔魚子，多以之欵客。海鮮乍浦多有產者，以美人鯉、白蜆爲最美。王店賣魚橋下，有紅眼鰟魚，小如瓜子，味甚鮮，過橋無之。王江涇長虹橋爲銀絲魚所聚，過橋亦無之。鷹窠頂及乍浦均產松花蕈，可製醬油，極佳。煮入素殽或單喫均可。

〔壽增〕糟鵝蛋出之醞釀，席閒未下箸，無不垂涎。近以雞鴨蛋如法製之，亦佳。

〔受福案〕糟蛋有兩種，以酒釀糟者爲貴，其殼特軟，然味太甜，不及硬殼者之香而且鮮，蓋用三白酒糟所製，雞蛋尤佳。鯗魚自海畔來，巧者拾棄骨，裝成禽形，謂之鯗鶴。或拌以蝦子，索價甚高。魚之佳者，有海鰣、鱘、鰉、河豚、銀魚，畜池中者卽鰦魚，人誤鰦爲池。其他鰱、鯽、鯉、鱖皆供常膳。

海蛳亦名香蛳，馬家製者最大。立夏前後，賣者量以小升。錢眼箝去其尾，吸之自出。黃魚卽石首也，出四明，夏初冰留以來，醃者謂之白鯗。鯧鯿亦海魚，與黃魚同時。灰蛋以高郵爲上，本處不及。〔壽案〕黃魚，春夏閒時或有之；俗傳范蠡湖泉穴通海，人嘗釣得之。

卷四

嘉興　項映薇朱樹　著
同里後学王　壽補樓　增
同里後学吴受福晉仙續增

花園衖居人以栽花爲業，如梅椿、山茶、夾竹桃、黄楊、矮松、木犀、薔薇、菊花及罌粟、雞冠、鳳仙之類，皆擔之入市；其玫瑰、夜來香、珠蘭、茉莉，則盛以竹籃，侵晨唱賣。緑窗乍啓，未理雲鬟，往往令婢子呼之。〔壽案〕花園衖花市已罷，近則花園村村人多以種樹爲生，惟莊園莳時花。居人愛菊，九月中家購數種；而翦裁洋鵑，有自壯至老迄無成者。春蘭不甚珍重；俗所稱九節蘭，蓋卽蕙也。然而人俱爭蓄，其素心、梅瓣、金色、荷花，一莖草竟可易番銀數百枚。富人方某，曾費三千餘金，以快一時之目。若騷人墨客，則庭植盆荷，室貯建蘭，獻歲供天燭、水仙；或點綴秋色，雜以脩竹而已。

〔壽增〕樹之大者，如屠氏太和堂銀杏，東塔寺思林僧房山茶，甪里街褚氏羅漢松，白苧村顔氏西府海棠，莊曹圩桂，宏文館前老柏以及高槐、屠桂，今皆不復存矣。獨吾家玉蘭，大數圍，高百尺，爲一郡之冠。而楊柳灣陳園之娑羅，嘉善汪園之肉桂，亦少雙寡偶。〔受福案〕珠庵雙桂，距南堰不過八九里。花時，參木犀禪者，多嘯侶買舟，摩挲其下。蔭圓如幄。大者編作九層，圍二三丈；小七層，圍稍殺。望之如悉堵波，俗呼臺桂，皆數百年物。獨怪昔人何無吟咏記載及此者。

淡巴菰始於前明。萬曆末，有攜至漳、泉者，馬氏造之曰淡肉果。漸傳至九邊，皆銜長管而火點吞吐之。歷今百有餘年，其風轉熾，名之曰煙，長幼男女，日用必需也。或謂辟穢禦寒，厥功不小，大約無益亦無損。方以智《物理小識》謂久服則肺焦，亦未必然。〔壽案〕五穀爲養命之源。今鄉人佈種煙草，連畝交畦，棄有用之地，而植無益之物，是在當事者，宜開導而禁止也。

市肆中招牌，或書名煙，或書煙魁，通衢曲巷，處處有之。其類有生熟二種，熟者炒以火酒，色紫而黑，非善服者，乍嘗卽醉嘔矣；生者用薑黃及硝，并雜以蘭花子、沈檀屑之類，香韻較勝，味亦平淡。其名甚多，有雙鳳、麟鳳、白絲、香絲、揀片、白片、奇品，皆市人創立名色，其實亦不甚相遠。〔壽案〕老鷲、仙鶴最難上口。黄煙來自松江，實出於福建。喫者有紅、鬆、通三字訣，否則旁觀竊笑其爲門外漢。〔受福案〕旱煙多出近地。邇來杭州奇品盛行，但太香燥，不若金蘭、金桂兩種之和順也。價之賤者，曰帶筋、雙鳳、麟鳳等，名則久不聞。農家船戶，從前多嗜黑老鷲，後改青條。水煙今則竟有吸皮絲者。取火之具，向皆用火石，近乃競用西洋火柴，俗呼洋火紙。農家船戶，無不備此者。〔又案〕旱煙以松江黄煙爲最淡，水煙以黄條爲最淡，二味取其和潤，不致傷肺。曲師雅尚吸之。

煙管長短不等，北人名曰煙袋，俱以烏木爲之；揚州用彩漆，或用玳瑁；南人則用細竹，竹以用久者爲佳，節貴勻圓，色尚黑潤。頭嘴用水磨白銅，亦有蓮蓬頭、美人肩、鍾口、鳥鎗等式，兼有雕刻花草人物，或發藍鑲嵌者，遂使茶荈而外，別增韻事。而闔人粉籢之側，終日摩挲，蘭氣微噓，翠絲不斷，亦古人咏香奩者夢想所未到也。〔壽案〕煙具管，有數莖相並者，有蟠曲者，有中用膽者，有可拆卸者。竹以梅綠爲時，以其形似湘妃也。而吸黄煙者、其管尤精，節勻而幹直。數年陳者，色如櫻珠紅，其價當新豐斗酒。煙盒，斜塘人製，髹工神巧，底蓋悉嵌玻璃，中藏圖書佳人，以青蒽按捺而圓轉焉，月洞中宛然祕戲也。其多者有八面，而輕薄依然。〔受福案〕旱煙管，昔尚壽星竹，下粗上細。陳者價昂，數倍儲煙之具，名煙鼈子。近不復見。時下於梅緑竹外，有用方竹者，牙嘴銅頭，俱飾以方，頗稱雅製。

〔壽增〕水煙，乾隆間未嘗有也。嘉慶十年後，則盛行矣。其種出自蘭州，有青條、白條、黄條之分。壺重雲南白銅，製如滑稽。閨閣中取薄荷油窨者，燃珠蘭紙吸之，清香滿室，韻事宜人。又潮州煙最行於乍浦，吸者以短竹一莖，納煙孔中，一呼即易；手擊不停，人皆譏爲敲梆煙。又西洋鼻煙，以鼻吸之，盛以小瓶。瓶用水晶瑪瑙，白玉翡翠，外製綉袋，亦極精緻。掛之腰間，或出以敬客，不善吸者輒打噴涕。〔受福案〕水煙，同治間或喜廣東黄煙，今則徧行福建皮絲煙矣。潮州煙窨以蘭花子者極香，都中盛行。爇以短竹，頭納皮袋，繫以火鐮，取便入直，故稱朝煙。歸自日下者，多喜效之。〔又案〕水煙管，咸豐以前官場皆使僕從裝煙吸之，民間亦喜效尤；致有管長二三尺者，盒掛於傍。同治後，改而從短製。用連環式，管與盒並儲一套，初呼二馬，俱今咸稱四喜煙管，便自吸也。

〔壽增〕鴉片即阿芙蓉，來自上海、乍浦，道光初年始有。數年來，上自紳士，下至工商，以及婦女、僧尼、道士、奴僕、優伶無不吸食，甚至沿門求乞，以供鴉片之費，濫行極矣。然而莫多於衙署中也，其煙具一副，數金、數十金、數百金不等。煙館城内外不下數十處，鄉鎮亦有，而七邑中善、平爲尤甚。上癮亦有大小，小者數分，多者數錢。其癮來時，涕淚交集，汗出尿遺，不盡其量不止，不逾其量不止，故曰過癮。

壺之精者，向稱黄錫、沈錫，今已絶響矣。惟張爐甚多，著名遠近，造者率金陵人。大年堂直街，止半里許，前後左右，打鑿之聲，晝夜不絶。工人謂移之他處，則銅輒碎裂，此亦甚奇。〔壽案〕黄名元吉，沈名存周，字鷺雝；張名鳴岐。大年堂姓陳，此時直謂之打銅街矣。

梅里箋，出王店鎮。其製遠勝他處，作字頗得墨氣。惟乳金采畫、五色花箋及萬年紅等，則松江出者尤精。〔壽案〕梅里箋，係顧仲清製，後人仿其式，所作愈工。仲家衖口東秀軒，乃婁縣孝廉謝曉峰之尊翁杲亭所創，迄今五六十年，聲名頗遠。〔受福案〕五色對紙，灑以密金，製自本地者，名鴛水箋。

梨園謂之班，皆立名號，如秀霞、天籟、迎華、朝元之類。樂人謂之奏，亦有紫雲、凌雲、遏雲之名。此如宋之緋緑社、翠錦社、雲機社，已詳見於《武林舊事》，乃知不始於今也。〔壽案〕戲班隨時更换，前則彩和、陽春，今則鴻福、翠芳，皆著芳名。奏推「錦鼎仙遏」，蓋錦雲、鼎雲、仙雲、遏雲也。魏塘九成奏，亦爲傑出。

蟋蟀，出桃花里者勇健無敵。村兒捉之，藏小竹筒，晨賣於市。善相者，分別試驗，加以將軍之號。籠盆覓鬬，謂之秋興，亦謂之秋落魂。雖遇故人於道，弗暇揖也。〔壽案〕《狷石居詩》注謂嚴將軍墓，每年産一促織爲冠，佳者名紫金翅。總之與畜黄頭，把鸚鵡，同一玩物喪志而已。

賭格最多，如馬弔、葉子，猶其雅者。今盛行押寶，有寶官、寶吏。其法略同射覆，置寶於匣，四面射之，中者獲利數倍。然爲寶官者，狡黠萬端，手法神妙，未有不爲其所愚也，傾家者有之。〔壽案〕禾地賭風最盛，而攤讀去聲興尤濃。攤者，以四骰或三骰覆杯，三搖而數點也。分青龍、白虎、出門、進門四色，南面而坐者爲攤官，左右司出入者爲開配，聚而猜枚者，皆打攤客。向聞呂家廡有囊家，一日夜作數千金輸贏，而靠賭營生一輩，往往勾結鄉紳子弟之不肖者，牽合游蕩之徒，什伯爲群，行蹤詭祕。兼之挾妓入場，名曰花賭。嘗見某某墮姦計中，不數年而數萬金之家俱化爲烏有，已指不勝屈矣。爲民牧者，苟將賭匪之尤者，懲治一二，則其焰自息，豈不幸甚。〔受福案〕兵燹以後，賭風益盛，均不用骰而用牌。牌以竹背牙面，向之紙牌亦廢。始行同棋改游和，游和本稱葉子戲，即紙牌也。後行麻雀，則似從馬弔改出。人皆稱四平不爲賭，實則角采甚巨，豈無因此蕩家致無立錐者，庸愈於呼盧喝雉哉。

船之大者曰沙飛、曰鄰船，次者曰鰻鯉頭、曰頭稍棚，至小者曰活活游。至鴨嘴、淌板、尖頭等船，皆他處來者。郡城内外，小舲最多，謂之擺渡。舟子能一手挐艫，一手刺篙，雖曲隈窄港，旋轉不礙，然行四里五里，祇給數文錢耳。〔壽案〕凡出路蘆墟，最穩頭棚，則裝飾華麗，而猝遇狂風，常有覆舟之患。近年從常州來者，有一種名蒲鞋頭，停泊嘉秀兩埠，有花有酒，每日須費十餘金，淫風流行，大爲地方之害。然如頭棚，亦非千文不辦，而擺渡之價，幾幾十倍於前。〔受福案〕香船無檣帆不能行遠，僅至蘇杭燒香，故名。船主賃人，計口論價，人家婚喪多用之。其式首尾及頂棚皆方，兩旁可紮綵。一種稍小者，曰郎船，活活游，頭無欓俗音呼若倘板，宜行於低橋小港，城内擺渡最便。其稍大者曰欓板船，艙内左右玻瓈窗，中横一榻，可坐可臥，前設小桌，飲啖亦宜。外艙可裝頭棚，遇看會觀劇用之。喜事必設門槍、旂鑼架。後乃盛行絲網船，來自無錫，其船既大，製愈軒爽，船戶伺候周到，能治殽饌。夏日，客每喚渡南湖，借乘涼爲名，維舟菱緈竹上，盡半日之長，飲博極歡，閒有挾妓者。若蒲鞋頭，則久不見矣。船埠所泊多無錫快，與蒲鞋頭相似而較靈便，官場往來用之。

小兒諸戲，春閒放紙鳶，最大者爲鷹鷂，有長至丈八者，其餘美人鷂、蝴蝶鷂，或繫以響弓，隨風轉折，清脆如鴿鈴。晚閒又製小紅鐙數盞，聯附繩上，升降空際，名爲鷂鐙。夏閒作梅仁、葫蘆、蓮蓬人、西瓜鐙。秋閒造螢鐙甚巧，更以竹爲小籠，置螳螂、絡緯之屬，夜懸牀頭，其聲索落，然思婦離人，倍增淒楚。〔壽案〕嘉慶十八九年閒，人競玩叫蟈蟈，以小匏雕籠蓄之，霜降後藏諸胸，竟有隔年未死者。又洋蟲，飼以肉桂、茯苓、紅棗、胡桃、炒米等物，初細於絲，旋長如粒米，久而蛻則色變爲黑，傳聞酒服能治虚勞症。

三月閒桃花水發，五月閒黄梅水發，魚皆逆流而上，雖城濠湖汊，無不盡然，俗謂之魚浮。其多至可手掬，居人以扳罾爲樂。橋底盤渦，灘前細雨，披倒頓衫，每至丙夜不倦也。〔壽案〕漁家有放鳥船、牽塘網、放叉、張簖等類，最可惡者，以雷公藤藥魚，食之患泄瀉中毒，并致不救。

城内人家，往往於水次駕浮橋以通其室。紅窗畫檻，每爲婦人理髮之所，圓瑺玓然，粉蛾側露，朱竹垞太史詩所云「一葉舟穿妝閣底」是矣。〔壽案〕浮橋由來已久，但遇火災，隔岸延燒，甚可危也。城河淤塞，皆緣侵佔地基所致。艇子屈曲行，幾如别有洞天，若不及時開濬，他日更不知若何耳。

俗好養鴿，繫鈴於足，每遇小雨新霽，或暾光乍閃則放之，其音宛轉瀏亮。又如畫眉、百舌、鸜哥之屬，皆作鬆籠，飲以水米，携於閙處，掛樹枝上，彼此鬭舌，如咒如罵，以縮脰不語者爲負。〔壽案〕一禽一籠，或值數十金，糜費極矣。〔受福案〕《鴿譜》稱鴿九十四種，有名「嘉興花」者，可見昔時禾中養鴿之盛，然此風久廢。今人家蓄此，衹取菢蛋以供殽饌耳。近多喜調弄芙蓉雀，小不盈握，其音清脆，雅近黄鸝，懸籠檐前，不致聒耳生厭，亦或携赴茶寮，互相品鷺，不睹采也。

春閒，東塔禪院開設壇場，講《涅槃經》，沙彌受戒，或七日或九日。巨室富家，爭供伊蒲饌，香花旛幢，務極華麗。黄衣鄉媪，無不合掌和南。旬日之内，布施無算。蓋東塔本稱講寺，又兼爲文殊駐錫之地，故於諸剎中特盛。〔壽案〕寺之大者，開戒壇、集沙彌、授衣鉢，而尼附焉。更可笑者，俗之男女，亦摩頂授記。戒畢，刻戒録如鄉會試之齒録，處女謂之式叉摩那。三塔寺春閒燒香者絡繹不絶，和尚於各處佛前，設一大匾，書「募化香錢」四字，手持竹棒敲之，復大聲而呼，謂之叫香賫。

尼庵多在隱僻處，東門外庵地上尤多，有紅庵緑庵之名。其人出入宦家，手持念珠，低眉巧語。遇大士誕日，招誘婦女，廣作佛會。浮浪子弟，因而目挑心招焉。〔壽案〕某年有賊黨借栖尼庵，後到官供出十餘庵多與往還。此輩出入深閨，私通匪類，姦盜之尤也。俗呼鐵裏蛀蟲，信然。

羽士皆善樂器，所謂彈演《玉皇經》，按以工尺，抑揚跌宕，與南曲無異。新聲悦耳，人家多延之，輕絲脆竹，竟日靡靡。無事設醮者，名太平醮。〔壽案〕道教中亦多淫蕩，往往儒服儒冠，花街柳巷。此真道其所道，非吾所謂道也。〔受福案〕人延羽士禮懺者，於法事畢後，或令演唱昆曲數齣，大小樂器並作，可以代奏，人家鬧靈、除靈多用之。每班八人，俗呼八弗拆。

僧人立關募化，惡習也。其釘大小累百，至大者爲三鼎甲，拔者施錢數十千。近時處處有之，乃三日内竟能拔盡，可見吳人佞佛，無所不至。又有游方行者，目爲野驢子，破衲垢面，叢林不收，日在街坊燒臂香、敲木魚以覓食。〔壽案〕化緣立關，雖云惡習，然猶未甚也。嘗見惡僧。或釘其手，或釘其耳，鮮血淋漓，而愚夫婦對之流涕下拜，施金施粟，究之皆假飾耳。又有華嚴關者，三年爲期，圈住一室，開一洞以出納焉。不知另有一門可通，見者幸勿爲所惑。若敲雲板、敲木魚、拜韋陀、肩挑臂香之類，更其顯焉者矣。

又有慣走江湖，作諸戲者，蓋始於唐時，如弄缸戲，即張祜詩所云：「兩邊角子羊門裏，猶學客兒弄鉢頭」也。高竿戲，張祜亦有詩曰：「傾城人看長竿出，一技初成趙解愁。」弄碗戲，張祜亦有詩曰「揭手便拈金椀舞，上皇驚笑悖拏兒」弄猢猻，羅隱詩曰：「何如買取胡孫弄，一笑君王便著緋」又昭宗賜弄猴號孫供奉。〔壽案〕弄刀即五劍在空，搖鐸卽木鐸徇路。其餘雜流，亦多不及備舉。

〔壽增〕負綫籠，每穿曲巷行，以香奩物偏售焉。又婦女持珠寶入大家，俗呼賣婆，多僞貨，閨閣中恒爲所愚，故竟有從此致富者。其賣編櫛者，推獨輪小車，周行城市；而磨鏡擔，驚閨四片，其聲彌遠。

城中「五湖四海」，蓋謂天星湖、范蠡湖、臙脂湖、錦帶湖、寶帶湖；覺海寺、湖天海月閣、澄海門、澄海橋也。〔壽案〕俗傳寺中四處出海觀音，故謂四海。〔笑案〕吳藕汀未刊稿《古禾片語》中載：「天星、范蠡圓形是湖，臙脂、錦帶、寶帶却是長形，是河。臙脂應作傾臙，朱彝尊詩云：『傾胭河畔落花多』與『寶帶河連錦帶斜』可證，故『五湖四海』之説，亦屬勉强。道光間王壽案云：『俗稱寺中四處出海觀音，故謂四海』更戲言耳。」

橋名極雅者，有竹絲、香花、綵雲、老人、孩兒、蒲桃、燕支、蓬萊、菩薩、大悲等，然多有誤呼者，如蹲賓爲蒸餅，娛老爲魚浪，虹涇爲吳涇，騰蛟爲鄧家，萬里爲鰻鯉。蓋土音易舛，久而成訛。〔壽案〕橋上多有設磚門者，蓋皆當時禦倭而然，近人不知矣。

桃花里可對楊柳灣，蜆子匯可對螺螄濱，百福巷可對萬壽山，和尚蕩可對阿婆橋，畫佛弄可對集仙坊，白苧村可對青蓮寺，廿一世墩可對六萬軍塔。其他尚多，略識於此。〔壽案〕幼時嘗與朱梅岑先生對嘉興地名，亦頗工穩。今附記之：下塔高田，梨村梅里，馬廄牛橋，幽港爽溪，新橋舊廟，楊柳灣梧桐里，石馬山金牛里，孩兒港老人橋，勸善鄉歸仁里，煙雨樓水月蕩，白蓮寺紫竹庵，蒲鞋衖箬帽街，草蕩里花園村，韭菜園竹林廟，作兒里娛老橋，青龍橋白馬里，青龍港白牛涇，鄰鶴里景龍橋，葛趙里王江涇，弄珠樓分金里，甘雨里清風涇，十八里橋六百畝蕩。

敵樓六座，趙文華禦倭時率太守宋治等創建，今已毀其四，其石灰可以愈瘡疥。又嘉興縣治後有瓶山，相傳爲宋時酒務，土人於其下掘得小罌，質粗而色甚古，注水插花，含蕊皆舒。予幼時見之。〔壽案〕《郡志》，敵樓係嘉靖三十四年巡撫胡宗憲、僉事王詢、侍郎趙文華議建，而知府劉慤知縣張烈文董其成。此云宋治，據劉志言之。今杉青閘三座，尚有一座；會龍橋二座，白苧村一座，均存基址而已。

宏文館前直街，自韭溪橋至西埏橋。每遇歲科兩試，學政按臨七邑，士子咸賃屋而居，咿唔之聲，東西迭起，俗謂之抱佛腳。趁集者，列肆市中，百物輻湊，喧嘩雜沓，晝夜不已，此街因名集上。〔壽案〕宏文館，前一埭也。宏文館街。舊本傾攲，自莊竹溪先生首創鋪石，張麗中、陸範斯助之，始稱坦途。

每當鄉試之歲，木龍現則郡中獲售者必衆。所云木龍，乃水中朽木，年久成神，衝波而起，濺沫數丈，雖溝渠淺涸之處，往往經過。有見其形者，謂身黑而長，水蘊纏身，若鱗爪云。〔壽案〕丙戌春，鄉人有見木龍者，是年會試中四人，朱朵山先生大魁天下。然吾邑文風大衰，登鄉榜難於上青天，雖有佳文，屢遭屈抑。精風鑑者，或謂蟹行橋河宜開，或謂朝陽廟港宜塞。紛紛議論，迄無成功，殊可歎也。〔受福案〕相傳神木在南湖中，不知何代物。去來無定，出沒不常，或逾時一見，或數年一見。陳西堂銘《携李耳餘録》亦載之。〔又案〕文廟中結柏球，其年鄉試必大利。咸豐戊午，嘉興學有此瑞，而徐蘭史錦發解；光緒己丑，府學有此瑞，而高子鳴寶鑾發解。

嘉興縣治後，有槵子樹一株，其大合抱，結子可作念珠。昔先襄毅公備兵東粵，得其種，植於此。近爲雷火空其中，而枝葉不彫，其地卽名項家漾。〔壽案〕此樹今已無存。

襄毅公賜塋在象賢鄉之桃花里，廣四十餘畝，松柏參天，皆二百年物，多至千株；内有祠宇，里人祈禱有驗，因謂之鄉下城隍；守墳人夜閒嘗聞吆喝升廳事并琅璫聲。某年有盜，欲伐其樹，至則滿樹皆紅鐙也，因驚怖而去。〔壽案〕項氏掃墓，總以清明日，族人咸集，游觀者甚多。〔受福案〕項姓彫喪殆盡，僅有一二不肖者，往往侵毀襄毅公賜塋。始則盜伐宰木；繼則貨其翁仲、石羊、石馬、石檯諸物；凡可易錢者，竊賣罄盡。傍塋祠宇久毁，門前石獅，亦售與人矣。今城中集街，尚有空祠一所，聞是乾隆閒項氏子孫捐作家祠。庚申劫火幸存，後遂不復立宔。同光閒開設茶寮；近更荒廢，可勝嘅哉。

〔壽增〕禾中俗語，俱有所本，兹擧大略，如：一个、客氣、奉承、告老、行李、請安、如夫人並出《左傳》，兩造出《尚書》、《周禮》，文書出《周禮·小宰》注，奈何出《尚書》，軍師、消搖出「檀弓」，別號出「月令」注，好人、萋菲出《詩經》，市井出《孟子》，受業出《國語》，歡喜、畫蛇添足、自相矛盾並出《國策》，廢物出《吳越春秋》，天下太平出《呂氏春秋》，見笑大方、風波、可口、開口笑、不近人情出《莊子》，宗師出《莊子》、《漢書》，官長出《墨子》，放生出《列子》，深根固柢、金玉滿堂出《老子》，吹毛求疵出《韓非子》，四通八達出《子華子》，酒囊飯袋出王充《論衡》，封君、便宜、罪過、抵罪、招搖、亡賴、負荆、草藁、居閒、小鬼、不中用、數見不鮮、傍若無人、一敗塗地、武斷鄉曲、有何面目、不值一錢、死灰復燃、後來居上、多多益善並出《史記》，偶然、權柄、受記、發覺、結髮、風聞、如意、多謝、惶恐、同學、同門、相思、底裹、輕薄、切齒、主人翁、積少成多、和氣致祥、談何容易、延年益壽、稠人廣衆、見事風生、妄自尊大、爲善最樂、盗不入五女之家並出《漢書》，晚生、竹頭木屑出《晉書》，人面獸心出《宋書》，豈有此理、名士風流出《齊書》，酒令、一身兩役出《梁書》，名下無虚出《陳書》，有始無終出《魏書》，潤筆出《隋書》，良辰美景出《北齊書》，前輩、後輩出《唐書》又《四書注》，關節、對手、笑殺、斬草除根、垂頭喪氣並出《唐書》，腳色出《北史》，酒有别腸出《五代史》，過橋拆橋出《續通鑒》，腳著實地出《宋史》，容情出《搜神記》，鯽溜出《宋祁筆記》，打草驚蛇出

《續常談》，讀書種子出《鶴林玉露》，福至心靈出《幕府燕閒録》，人傑地靈、老當益壯出王勃文，相公出王粲賦，令弟出《謝靈運集》，令妹出《陶淵明集》，丈人、丈母出《柳子厚集》，公然出杜子美詩，夫君出孟浩然、李義山詩，飛黄騰達出韓昌黎詩，處分出焦仲卿妻詩。

王壽跋

《古禾雜識》，項朱樹先生手著也。考其時，約在乾隆中，迄今已七八十年。其間土物人情，變更不一，無論愚者，不能仰窺，卽智者亦難臆斷。特稿本殘缺，未付棗梨，殊令人撫卷太息耳。己亥秋榜發，予復落孫山外，閒居無事，爰取而訂定焉。不揣譾陋，增入數條，并附案於每條下，俱就近時立言。其載在郡縣志及他書者，置不備録，緣識淺而學疏也。同里後學王壽跋。

吳受福跋

陵谷蒼涼，桑榆踽孑，偶繙故帙，雜綴簡耑。回首承平，不堪夢憶，滿腔孤憤，奚敢濫登。癸丑孟陬芥叟漫識。

《搢紳録》於嘉興府風俗條下注曰：「土膏沃饒，農桑耕織，風俗淳秀，人物文賢。」未免鋪張過分。嘗見郡邑舊志，於風俗一門，援據載籍，纍纍數十條。以愚所取，其在《至元志》曰：「罕習軍旅，尤慕文儒，不憂凍餒，亦無積聚。」其在《趙圖記》曰：「人性柔慧，俗奢靡而厚於滋味。」及竹垞翁《送佟太守述德詩序》曰：「其俗陰狡，訟者始躁而終柔，有幸恩而不知怨毒。」之數條，褒貶得中，適如其分，舉以印證是書。後之采風者可以鑒矣。癸丑春日，老芥書。

金兆蕃跋

此書撰人項朱樹先生，乾隆中名諸生，與錢鹿山、祝西澗諸先生游。先生四十初度，兩先生有詩，考其年爲三十四年己丑。鹿山《老屋集》寒夜雜憶絶句注：己丑秋，薛補山編修來秀州，與余疊韻往反十餘次。此兩詩皆用與編修唱和韻，故知在此年。其後，就糧艘課徒北行，兩先生又皆有贈詩。鹿山《老屋集》將終，有輓先生詩，考其年爲五十四年己酉。此卷之首題戊申六月，以詩中所及時序推之，《四時復周》詩有「同雲黯淡」語，當在己酉冬閒。先生年正六十，蓋以客授終其身。聞有未刻詞稿尚存，求之未得見。王補樓先生補輯自跋，言項先生迄今已七八十年。先生府學諸生，雄於文，爲詩壯歲沖夷澹宕，雅近石湖。晚值海疆多事，憤時憂世，乃毗於放翁。張叔未先生則謂絶似大蘇。先生孫甲榮步雲，兆蕃同歲生也。手録先生所撰《玉樹堂詩集》示兆蕃，兆蕃受而藏之。他著有《午午》、《痦宿》、《存真》諸集，皆未刻。先生既以此書乞序於周未庵先生，授諸梓人。顧傳本甚稀，吳介茲先生得之，復於眉閒書近事。王先生書成道光己亥，刻於次年庚子。吳先生跋題癸丑，則爲民國二年，相距又七十餘年。吳先生爲少村中丞子，中丞以清節爲咸同閒名臣。先生舉光緒己卯鄉試第二，高潔繩中丞，淹貫經史，孳訓詁、金石之學，工篆隸，所著書有《百衲編》、《運甓編》、《小種字林》、《集篆》四種、《柱銘偶存》、《貞孝先生詩文集》。晚自號孑黎，束髮爲道人裝。兆蕃屢見之。今下世已十年，所老成不可作矣。王先生卒己酉，年四十五。吳先生卒己未，年七十六。項先生著書時方稱全盛，頻歲南巡，士侈召試，農樂蠲賦，書託義於識小，但言衣制之變，因見隨扈者，而敦所謂邊式。他條屢言俗尚奢華，盛極衰萌，是則有微意焉。王先生補輯，較本書稍擴而廣之，愍鴉片之爲民害，言之深切。刻書後二年，即以是召外侮，變而加厲，以到於今。其時俗尤敝，故作者言多激，尤足以覘世變。吳先生身遘桑海，再補輯諸條，循項先生例，罕涉時事，跋語言短而意長，若有餘惘。二百年中，陵谷變遷，此書但記一鄉習俗瑣細事，而三先生於此寄遐思，託深慨，惓惓不能已，猶是詩人匪風下泉之旨。其於後世伽藍、名園、夢華、夢粱，蓋其倫也。乃出昔從步雲借鈔副本，與拙存、菊生二君商榷，刻入叢書。拉雜識卷末。時乙亥芒種節後。金兆蕃謹跋。

鐙窗瑣話

清·于源著

序

吾禾多詩人，以專集傳者，難更僕數，而作詩話者，不概見。在國初，則有金風亭長《靜志居詩話》，乾嘉間，則有澹川居士《南野堂筆記》，五十年來，絶鮮嗣音。近時于子辛伯著有《鐙窗瑣話》，取材淹雅，持論名貴，其於遺聞軼事，及憔悴專一之士，尤多所闡，表有功於詩道甚偉，其爲《靜志》、《南野》之續無疑也。辛伯閉戶讀書，著述甚富，嘗有《鴛水聯吟集》之選，雞林珍之。去年刻其所爲《一粟廬詩一稿》，亦爲談藝家所推重。未刻者有《題紅閣詞》、《只自怡齋文屑》，又《雜綴》數種，俱可傳者，此編徇同人之請，先授剞劂，而屬余序之。唯余於有韻之語絶無心得，猥蒙采及葑菲，殊堪顔汗，又不文。何足以言序，爲志其緣起如此。道光二十七年九月既望。同邑陳官焌。

目録

卷一

秀水　于源　辛伯

乙未新秋，梅里沈遠香（愛蓮）見過，謂余云：有桐鄉友人載書畫一船過訪，因贈以詩，有「人從書畫船中到，秋自梧桐鄉上來」之句。余甚歎賞。所謂「文章本天成，妙手偶得之」，因論此聯可入詩話。遠香云：「子何不作詩話採之。」余謝不敏。夜窗鐙火，偶憶及此，筆記數則。遠香來，試以質之。

陳藴齋先生球，居郡中瓶山之側，自號一簣山樵。性豪邁，耽酒、工畫。嘗寓西湖，遇雨則著屐出遊，徘徊山麓間，終日不去。人笑其癡。藴齋云：「此即天然畫稿也。免向故紙堆中覓生活耳。」詩品淡逸如其畫。《立夏前一日謝吳生鈞璜惠酒》云：「連天風雨妒芳辰，無限鶯花付劫塵。眼底難留春一日，杯中莫厭酒千巡。辱君何事憐吟客，許我今朝作醉人。櫻筍筵開新節換，酡顔倒却老頭巾。」階前紫竹爲圬人所損，越七年而復生，作七絶句以誌喜，茲録其四首，云：「新篁乍透碧雲姿，歎息相逢已恨遲。不可此君無一日，風光況隔幾多時。」「賸粉零香尚復存，可憐黄土困靈根。七年空灑瀟湘淚，不道亭亭却返魂。」「窗前重見影團圞，幾度憑欄帶醉看。贏得兒童消息好，這回可是報平安。」「舊緑凋零新翠攢，何緣又見碧琅玕。生涯此後無他事，揀取修枝作釣竿。」

蘊齋著有《燕山外史》，通體四六，洋洋數千言，儷青妃白，洵傳作也。葉雨垞刺史維庚題云：「海内文宗陳伯玉，禁中樂府柳屯田。閒來譜出燕山傳，不數懷寧燕子牋。」

時有寄託便佳，而寄託中亦足自見身分。屈翁山先生，布衣也，《題魯仲連廟》云：「從來天下士，只在布衣中。」吴澹川先生，秀才也，《題范文正公祠》云：「由來賢宰相，只在秀才中。」其風調亦復相似。

桐鄉馮孟亭太史註《玉溪生詩集》，博採諸家，極其精當，但既用甲子編年例，而開卷又特取韓碑冠首，何也？

偶過冷攤，見有鈔本詩一帙，買歸讀之，乃當湖吴太顛名揚曾所作。《登海云樓》云：「暇日乘清興，高樓空復情。水深林屋洞，花落秀州城。雲裏雞聲出，沙邊雁勢平。

蒼蒼望不極，有路接蓬瀛。」《金陵有感》云：「禾黍油油落照邊，鍾山佳氣蕩如煙。奸臣抵死爭三案，天子無愁欠一年。北寺未終鈎黨獄，西藩先下蔽江船。不知亡國緣何事，曲巷猶歌燕子箋。」集中有《贈稼書先生姪陸西雝》一詩，知爲康熙時人。

錢唐金麗生樹本，僑居吾禾。與余少同學，不習帖括，專嗜爲詩後，並不問家人生産矣。得一舊印，文曰「杭州阿猷」。喜極，亦確極也。著有《友蓮新築散稿》。録其《古鏡》云：「秋水一泓清，土花半規碧。是將何代金，鑄此千古月。一照懽紅顔，再照悲白髪。悲懽兩不知，研媸終脈脈。」《窮巷》云：「聽雨獨自臥，窮巷無人來。閉門春草生，好花猶未開。忽聞幽鳥啼，驚我午夢回。春風動微寒，蝴蝶雙徘徊。」《金沙港殘桂》云：「中秋未到月不滿，七月初終桂已殘。無限惜花心一片，有人先我獨憑欄。」《曉起》云：「案頭一翦玉槎枒，細細寒香透碧紗。侵曉膽瓶冰似鐵，自吹松火暖梅花。」麗生挈眷遊楚，十年不歸，不知猶有故鄉思否。

梅花詩，林逋「暗香」、「疏影」二語可謂絶唱。高菊磵詩云：「近來行輩無和靖，見説梅花不要詩。」故姜夔自製二曲，以曼聲寫之，亦是獨有千古。余謂自白石老仙去後，梅花更不要詞矣。

吾鄉王仲瞿孝廉曇，狂放不羈，其踪跡雜見近人記載，著有《煙霞萬古樓集》，未刻，罕有知者所聞。斷句，如《題洪稚存詩集》云：「除死頭顱孤註擲，補天文字女媧窮。」《咏錢》云：「生前三日須湯洗，死到重泉要紙焚。」雖極抑塞感慨，究不足誦。其室人金五雲女史亦工詩擅畫，當孝廉避禍江湖時，獨居西湖散花灘。嘗禮天竺，以手寫觀音圓通二十五像，爲仲瞿祈佑，並系以詩，有「神仙墮落爲名士，菩薩慈悲念女身」句，淒涼婉悴，爲時所傳。

黃鶴樓丈金臺，著有《木雞書屋文集》，駢四儷六，頗極典贍；詩工，詠史善持議論。余尤喜其小詩性靈一種。五古《偕柯小坡遊雁塔寺》云：「一鳥破煙飛，引客入方丈。感弔兩詩僧，白雲寄遐想。蕭蕭風雨來，松濤發清響。」五律《湖上秋泛》云：「湖水淡秋影，曉涼移畫橈。好山皆繞郭，疏柳不藏橋。篷底一尊酒，樓頭何處簫。汀洲採芳杜，殘夢碧天遙。」七律《吴大帝廟》云：「生子當如孫仲謀，聰明雄略冠諸侯。大臣膽落幾降魏，小妹心高合嫁劉。三世訪求文武士，六朝還作帝王州。紫髯碧眼遺容在，蘆荻蕭蕭古石頭。」鶴樓居新倉鎮，地屬平湖。新倉有二，其一在海昌，野航寄書往往致誤。其地一名蘆川，鶴樓有《蘆川竹枝詞十首》，茲録其四首，云：「嗚鉦吹角勢喧闐，皂隸前驅兩道開。知是白沙巡檢過，行人錯認大官來。」「木棉生計抵桑麻，白雪盈筐婦女誇。去歲價昂今歲賤，村村夜半聽彈花。」「主客移尊話舊歡，却無雋味佐盤餐。春來白蜆秋來蟹，當作珍饈一例看。」「村姑挑着賣鹽籃，掩耳偷鈴苦不堪。勸汝還家勤紡織，免教胥役虎耽耽。」亦採風者所不廢也。

平湖姑嫂餅，相傳姑嫂二人青年守節，賣餅自活，因以得名。《鶴樓集》中有《詠姑嫂餅二絶》，甚佳。詩云：「十年不字姑將老，五夜孤啼嫂又孀。青女素娥俱耐冷，用句，一團明月一團霜。」「玉屑金花一色勻，價廉多買不嫌頻。題糕别有風流筆，妒殺眞州蕭美人。」糕爲倉山叟所賞，見《隨園詩話》。

吳人呼午飯爲點心，小食亦稱點心。梁昭明太子傳京師穀貴，改常饌爲小食。鄭傪爲江淮留後，家人備夫人晨饌，夫人顧其娣曰：「治裝未畢，我未及餐，爾且可點心。」「點心」二字，前人詩中有用得極佳者，如「細嚼梅花當點心」句，膾炙人口。惜不得全詩爲憾。近閱《柳亭詩話》得之詩云：「磨快鉏頭挖苦參，不知山下白云深。多年寂寞無煙火，細嚼梅花當點心。」傳是姚州一古寺題壁詩，亦不知何人所作。

長水詩人梅里爲盛。自小長蘆釣魚師後，代有宗派，近日則推汪一江丈澍，其《古梅溪館詩》，清和淡遠，迴出恒蹊。長古，如《爲馬小眉題五千卷室銅鼓詩》及《題金湘波寶劍出匣圖》，尤見力量，篇長不録。録其五古《池上》云：「愛追林下涼，却向池邊步。池水靜不波，繁星若碁布。憩石一披襟，清覽愜吾素。桐陰流碧雲，荷氣散香霧。忽驚風入林，落葉紛無數。只疑山雨來，不知秋在樹。虚懷欲悟禪，靜得自成趣。手攜蘿逕月，抱琴復歸去。」《冬夜即事》云：「半牀疏影寒，獨卧梅花月。覺來窗竹鳴，蕭蕭似聞雪。開窗月在樹，猶疑殘雪色。出門踏月去，冷光沁肌骨。心知有花處，香已滿溪積。尋香渡溪橋，一隖凍雲白。」他句，五言《有感》云：「燈寒孤館雨，人老百蟲秋。」《生涯》云：「晝寒雙燕靜，春暝百花愁。」《秋潦》云：「江鳥浴孤館，溪蘋黏半扉。」七言《曉發鷺湖》云：「一枝柔艣劃殘月，無數白漚飛曉煙。」《答友》云：「詩有人傳差免俗，書無錢買始愁貧。」《對雨懷友》云：「客爲夜寒呼酒數，天憐春短壓花遲。」《危坐》云：「病瘳才識醫書驗，醉起方知酒券多。」《村西觀白蓮》云：「樹散曉涼初墮月，水溜靜碧欲浮煙。」皆可誦也。

汪雨人學博能肅，山陰人，其先寄籍粤中，遂領廣西，某科解元，後歸原籍，任嘉善教諭，工詩，擅草書，爲時所重。近作名《魏塘集》，《古琴》云：「時手即能弄，古音終不全。若爲存太始，最好是無弦。獨夜空山外，驚濤大海邊。此時吾與汝，默默待成連。」《新春漫興》云：「草未萌芽樹尚殷，如何便説好春還。梅花世界無妨冷，正月人家大抵閒。佳日隻雞招近局，終年喬木作遥山。比來苦憶長安道，不是生憎苜蓿盤。」《冬夜讀書偶作》云：「廊廟山林兩不成，老來有味只孤檠。書多要在生前讀，名盛還防死後評。半夜高窗賒月色，滿庭大木戰風聲。寸心五岳時時起，欲向窮涂一請纓。」《葬事畢卜占》云：「飄泊東南二十年，旅魂才得妥新阡。從今不敢輕官小，助我猶能賴弟賢。百折清流琴在禦，四山協氣玉生田。椎牛何若雞豚養，一奠椒漿一泫然。」《贈宋小茗》云：「老猶相見莫云遲，應仗先生爲析疑。書重牛腰看豈厭，官輕雞肋罷何悲。一生所苦兩兒幼，萬劫不磨千首詩。儉歲富人翻羨子，經畬大熟等平時。」《贈程淡人》云：「世人莫怪操同蚓，儒者原來廉似雞。仲子比君應不及，於陵尚有擗纑妻。」

仁和宋茗香助教大樽，詩豪健，宗青蓮，自編《學古集》，詩僅百餘首，閱者每嫌其太簡。雜見於他選本，知遺珠不少也。録其《少年行二首》云：「見酒忽下馬，繫馬桃花下。腰間不妨無酒錢，一笑便擲珊瑚鞭。」其一。「名姬復勸酒，肯使杯離手。將軍忽募六郡豪，笑背歌筵看寶刀。」其二。《導引曲》云：「勸少年，憐青春，新愁舊愁愁殺人。愁何多兮樂何少，樂苦遲兮愁苦早。更有美人先我老。」五律《得徐溉餘水部還自塞上消息》云：「關外更逢關，山前復有山。上天疑地盡，垂死竟生還。泣斷高堂夢，年摧壯士顔。河流與歸客，作伴到人間。」《黄村經徐元嘆隱處》云：「暖暖孤村影，初疑無路通。樵歸野煙白，酒熟桃花紅。四海幾高士，百年皆寓公。此間有耕鑿，何勿把清風。」七律《歌風臺》云：「威加海内氣縱横，纔是歸來衣錦榮。亭長已知天子貴，官家也起故鄉情。百年父老誇湯沐，一劍風塵話太平。始信英雄是天授，文章猶冠漢西京。」七絶《前有一尊酒行逢金大作》云：「酒徒零落渺何之，獨向春風把酒卮。今日花前莫辭醉，相逢不是少年時。」《喜蒓江姪抵舍》云：「仙人掌畔跨征鞍，潦倒歸來也自歡。忽見桃花淚雙落，去年曾向戰場看。」

助教長君小茗先生咸熙，近罷桐鄉教官，設帳郡城周氏拳石山房。予以詩卷質正，蒙採入《耐冷譚詩話》，並以所著《息茗齋集》見贈，詩宗家法，録其五律《宿山寺不寐》云：「不眠貪夜靜，窺月上松梢。村遠犬孤吠，鐘寒僧嬾敲。僮扶茶竈睡，詩借佛燈鈔。供客無香積，清齋聚一匏。」《第一樓訪孫漁楂》云：「晨興琴未張，樓淨貯秋光。疏樹碧藏牖，亂峯青到牀。酒緣勤學止，詩爲紀遊忙。將母情何切，車輪空轉腸。」

七律《送人之金陵》云：「隱侯此去始歸閒，笑向滄江破醉顏。雙槳落花三月渡，短笻孤寺六朝山。聚聽説劍來豪士，偷學吹笙有小鬟。名列蓬瀛仙亦苦，何如遊戲在塵寰。」《與嚴少梅泛舟河渚》云：「一溪占斷好秋光，叢桂飄殘尚有香。新漲拍橋低礙艇，寒瓜眠屋老經霜。酒逢村店零星飲，詩共幽人仔細商。曾是昔人高隱地，居民猶解話滄桑。」五絶《秋砧》云：「夫容泣寒露，欲墮半規月。清砧不敢停，昨夢關山雪。」《謁子陵祠》云：「貴賤偶然耳，誰能無故人。忽傳驚帝座，多事是星辰。」七絶《西湖秋柳》云：「秋風不管別離難，蕭瑟旗亭戒曉寒。莫復歸來怨搖落，有人猶在異鄉看。」《贈余道士雲麓》云：「往日雄心莫漫論，老耽幽寂棄兒孫。四山風雨不知處，虎尾如人夜打門。」先生嘗與同學諸子談藝，謂詩無他法，只有一字，曰「脱」。

李笠翁工於詞曲，所著《一家言》，莊諧互見，雅俗共喜，後人每俳優視之，然其精詣自不可没。笠翁墓在西湖九曜山之南。笠翁由蘭溪之杭，築室雲居山，名曰層園。卒後，錢唐令梁雲構立碣表之，曰「湖上笠翁之墓」。嘉慶某年，守塚者匿其墓碣，將易主焉。邑人趙寬夫修復之，且俾爲券藏於家。小茗丈作四絶句紀之。詩云：「築室吳山最上頭，即看舖餟亦風流。層園名士如雲散，樹碣荒阡仗邑侯。移將故碣委荊榛，賺得豪家卜兆頻。九曜山南十弓地，誰知此處葬詩人。才人賦命多窮薄，荒塚平來亦可憐。身後滄桑總難料，更誰重辦買山錢。置人守塚計周詳，更俾親書券數行。從此一抔長可保，不愁枉費束修羊。」俱可風也。

魴婢魚産塘西者更美，桃花時尤佳，脊有翠鱗如豆，過桃花時，翠即褪，味亦漸減。以其似魴而小，故曰魴婢，俗名一點青，亦名桃花魴婢。小茗丈集中有《詠魴婢》一絶云：「歲歲驪歌不可聽，歸來擬補種魚經。碧天橋外春流暖，千點桃花一點青。」

「有情芍藥含春淚，無力薔薇臥晚枝」是少游體物佳境。元遺山論詩，援昌黎、山石詩以衡之，未免擬不於倫。曾見朱夢泉爲人畫扇題一絶云：「淮海風流句亦仙，遺山創論我嫌偏。銅琶鐵綽關西漢，不及紅牙唱酒邊。」實獲我心矣。

瓣香廬在南湖濱，盛宜山居士遠舊隱處。居士嘗自築生壙，有「不知一盞花前酒，誰向劉伶墓上澆」之句。《曝書亭集·題盛叟生壙詩》云：「宜山居士抱詩癖，老傍江湖度幽宅。莫嫌丙舍少兒孫，且免他時賣松柏。」今墓碣僅存。餘地爲漁戶侵占畧盡。清明鬼蜨、落日魚罾，感慨係之。居士刻有《竹林倡和集》、《瓣香廬稿》，僅刻七律一體。嚴伯年家藏有一冊，甚完好，不輕示人。

外不下數十處，鄉鎮亦有，而七邑中善、平爲尤甚。上癮亦有大小，小者數分，多者數錢。其癮來時，涕淚交集，汗出尿遺，不盡其量不止，不逾其量不止，故曰過癮。

壺之精者，向稱黃錫、沈錫，今已絶響矣。惟張爐甚多，著名遠近，造者率金陵人。大年堂直街，止半里許，前後左右，打鑿之聲，晝夜不絶。工人謂移之他處，則銅輒碎裂，此亦甚奇。〔壽案〕黃名元吉；沈名存周，字鷺雝；張名鳴岐。大年堂姓陳，此時直謂之打銅街矣。

梅里箋，出王店鎮。其製遠勝他處，作字頗得墨氣。惟乳金采畫、五色花箋及萬年紅等，則松江出者尤精。〔壽案〕梅里箋，係顧仲清製，後人仿其式，所作愈工。仲家街口東秀軒，乃婁縣孝廉謝曉峰之尊翁杲亭所創，迄今五六十年，聲名頗遠。〔受福案〕五色對紙，灑以密金，製自本地者，名鴛水箋。

梨園謂之班，皆立名號，如秀霞、天籟、迎華、朝元之類。樂人謂之奏，亦有紫雲、凌雲、遏雲之名。此如宋之緋緑社、翠錦社、雲機社，已詳見於《武林舊事》，乃知不始於今也。〔壽案〕戲班隨時更换，前則彩和、陽春，今則鴻福、翠芳，皆著芳名。奏推「錦鼎仙遏」，蓋錦雲、鼎雲、仙雲、遏雲也。魏塘九成奏，亦爲傑出。

蟋蟀，出桃花里者勇健無敵。村兒捉之，藏小竹筒，晨賣於市。善相者，分別試驗，加以將軍之號。籠盆覓鬭，謂之秋興，亦謂之秋落魂。雖遇故人於道，弗暇揖也。〔壽案〕《狷石居詩》注謂嚴將軍墓，每年産一促織爲冠，佳者名紫金翅。總之與畜黄頭，把鸜鵒，同一玩物喪志而已。

賭格最多，如馬弔、葉子，猶其雅者。今盛行押寶，有寶官、寶吏。其法略同射覆，置寶於匣，四面射之，中者獲利數倍。然爲寶官者，狡黠萬端，手法神妙，未有不爲其所愚也，傾家者有之。〔壽案〕禾地賭風最盛，而攤讀去聲興尤濃。攤者，以四骰或三骰覆杯，三搖而數點也。分青龍、白虎、出門、進門四色，南面而坐者爲攤官，左右司出入者爲開配，聚而猜枚者，皆打攤客。向聞呂家廡有囊家，一日夜作數千金輸贏，而靠賭營生一輩，往往勾結鄉紳子弟之不肖者，牽合游蕩之徒，什伯爲群，行蹤詭祕。兼之挾妓入場，名曰花賭。嘗見某某墮姦計中，不數年而數萬金之家俱化爲烏有，已指不勝屈矣。爲民牧者，苟將賭匪之尤者，懲治一二，則其焰自息，豈不幸甚。〔受福案〕兵燹以後，賭風益盛，均不用骰而用牌。牌以竹背牙面，向之紙牌亦廢。始行同棋改游和，游和本稱葉子戲，即紙牌也。後行麻雀，則似從馬弔改出。人皆稱四平不爲賭，實則角采甚巨，豈無因此蕩家致無立錐者，庸愈於呼盧喝雉哉。

船之大者曰沙飛、曰蔀船，次者曰鰻鯉頭、曰頭稍棚，至小者曰活活游。至鴨嘴、淌板、尖頭等船，皆他處來者。郡城内外，小舲最多，謂之擺渡。舟子能一手拏艫，一手刺篙，雖曲隄窄港，旋轉不礙，然行四里五里，祇給數文錢耳。〔壽案〕凡出路蘆墟，最穩頭棚，則裝飾華麗，而猝遇狂風，常有覆舟之患。近年從常州來者，有一種名蒲鞋頭，停泊嘉秀兩埠，有花有酒，每日須費十餘金，淫風流行，大爲地方之害。然如頭棚，亦非千文不辦，而擺渡之價，幾幾十倍於前。〔受福案〕香船無檣帆不能行遠，僅至蘇杭燒香，故名。船主賃人，計口論價，人家婚喪多用之。其式首尾及頂棚皆方，兩旁可紮綵。一種稍小者，曰郎船，活活游，頭無攩俗音呼若倘板，宜行於低橋小港，城内擺渡最便。其稍大者曰攩板船，艙内左右玻瓈窗，中横一榻，可坐可臥，前設小桌，飲啖亦宜。外艙可裝頭棚，遇看會觀劇用之。喜事必設門槍、旂鑼架。後乃盛行絲綢船，來自無錫，其船既大，製愈軒爽，船戶伺候周到，能治殽饌。夏日，客每喚渡南湖，借乘涼爲名，維舟菱綷竹上，盡半日之長，飲博極歡，閒有挾妓者。若蒲鞋頭，則久不見矣。船埠所泊多無錫快，與蒲鞋頭相似而較靈便，官場往來用之。

小兒諸戲，春閒放紙鳶，最大者爲鷹鷂，有長至丈八者，其餘美人鷂、蝴蝶鷂，或繫以響弓，隨風轉折，清脆如鴿鈴。晚閒又製小紅鐙數盞，聯附繩上，升降空際，名爲鷂鐙。夏閒作梅仁、葫蘆、蓮蓬人、西瓜鐙。秋閒造螢鐙甚巧，更以竹爲小籠，置螳螂、絡緯之屬，夜懸牀頭，其聲索落，然思婦離人，倍增凄楚。〔壽案〕嘉慶十八九年閒，人競玩叫蟈蟈，以小匏雕籠蓄之，霜降後藏諸胸，竟有隔年未死者。又洋蟲，飼以肉桂、茯苓、紅棗、胡桃、炒米等物，初細於絲，旋長如粒米，久而蛻則色變爲黑，傳聞酒服能治虚勞症。

三月間桃花水發，五月間黄梅水發，魚皆逆流而上，雖城濠湖汊，無不盡然，俗謂之魚浮。其多至可手掬，居人以扳罾爲樂。橋底盤渦，灘前細雨，披倒頓衫，每至丙夜不倦也。〔壽案〕漁家有放鳥船、牽塘網、放叉、張籪等類，最可惡者，以雷公藤藥魚，食之患泄瀉中毒，并致不救。

城内人家，往往於水次駕浮橋以通其室。紅窗畫檻，每爲婦人理髮之所，圓璫玓然，粉蛾側露，朱竹垞太史詩所云「一葉舟穿妝閣底」是矣。〔壽案〕浮橋由來已久，但遇火災，隔岸延燒，甚可危也。城河淤塞，皆緣侵佔地基所致。艇子屈曲行，幾如别有洞天，若不及時開濬，他日更不知若何耳。

俗好養鴿，繫鈴於足，每遇小雨新霽，或暾光乍閃則放之，其音宛轉瀏亮。又如畫眉、百舌、鸜哥之屬，皆作鬃籠，飲以水米，携於閙處，掛樹枝上，彼此鬭舌，如咒如罵，以縮脰不語者爲負。〔壽案〕一禽一籠，或值數十金，糜費極矣。〔受福案〕《鴿譜》稱鴿九十四種，有名「嘉興花」者，可見昔時禾中養鴿之盛，然此風久廢。今人家蓄此，祇取菢蛋以供殽饌耳。近多喜調弄芙蓉雀，小不盈握，其音清脆，雅近黄鸝，懸籠檐前，不致聒耳生厭，亦或携赴茶寮，互相品騭，不睹采也。

春間，東塔禪院開設壇場，講《涅槃經》，沙彌受戒，或七日或九日。巨室富家，爭供伊蒲饌，香花旛幢，務極華麗。黄衣鄉媪，無不合掌和南。旬日之内，布施無算。蓋東塔本稱講寺，又兼爲文殊駐錫之地，故於諸刹中特盛。〔壽案〕寺之大者，開戒壇、集沙彌、授衣鉢，而尼附焉。更可笑者，俗之男女，亦摩頂授記。戒畢，刻戒録如鄉會試之齒録，處女謂之式叉摩那。三塔寺春間燒香者絡繹不絶，和尚於各處佛前，設一大匾，書「募化香錢」四字，手持竹棒敲之，復大聲而呼，謂之叫香貲。

尼庵多在隱僻處，東門外庵地上尤多，有紅庵緑庵之名。其人出入宦家，手持念珠，低眉巧語。遇大士誕日，招誘婦女，廣作佛會。浮浪子弟，因而目挑心招焉。〔壽案〕某年有賊黨借栖尼庵，後到官供出十餘庵多與往還。此輩出入深閨，私通匪類，姦盜之尤也。俗呼鐵裹蛀蟲，信然。

羽士皆善樂器，所謂彈演《玉皇經》，按以工尺，抑揚跌宕，與南曲無異。新聲悦耳，人家多延之，輕絲脆竹，竟日靡靡。無事設醮者，名太平醮。〔壽案〕道教中亦多淫蕩，往往儒服儒冠，花街柳巷。此真道其所道，非吾所謂道也。〔受福案〕人延羽士禮懺者，於法事畢後，或令演唱昆曲數齣，大小樂器並作，可以代奏，人家鬧靈、除靈多用之。每班八人，俗呼八弗拆。

僧人立關募化，惡習也。其釘大小累百，至大者爲三鼎甲，拔者施錢數十千。近時處處有之，乃三日内竟能拔盡，可見吳人佞佛，無所不至。又有游方行者，目爲野驢子，破衲垢面，叢林不收，日在街坊燒臂香、敲木魚以覓食。〔壽案〕化緣立關，雖云惡習，然猶未甚也。嘗見惡僧。或釘其手，或釘其耳，鮮血淋漓，而愚夫婦對之流涕下拜，施金施粟，究之皆假飾耳。又有華嚴關者，三年爲期，圈住一室，開一洞以出納焉。不知另有一門可通，見者幸勿爲所惑。若敲雲板、敲木魚、拜韋陀、肩挑臂香之類，更其顯焉者矣。

又有慣走江湖，作諸戲者，蓋始於唐時，如弄缸戲，即張祜詩所云：「兩邊角子羊門裏，猶學客兒弄鉢頭」也。高竿戲，張祜亦有詩曰：「傾城人看長竿出，一技初成趙解愁。」弄碗戲，張祜亦有詩曰「揭手便拈金椀舞，上皇驚笑悖拏兒」弄猢猻，羅隱詩曰：「何如買取胡孫弄，一笑君王便著緋」又昭宗賜弄猴號孫供奉。〔壽案〕弄刀即五劍在空，搖鐸卽木鐸徇路。其餘雜流，亦多不及備舉。

〔壽增〕負線籠，每穿曲巷行，以香奩物徧售焉。又婦女持珠寶入大家，俗呼賣婆，多僞貨，閨閣中恒爲所愚，故竟有從此致富者。其賣編櫛者，推獨輪小車，周行城市；而磨鏡擔，驚閨四片，其聲彌遠。

城中「五湖四海」，蓋謂天星湖、范蠡湖、臙脂湖、錦帶湖、寶帶湖；覺海寺、湖天海月閣、澄海門、澄海橋也。〔壽案〕俗傳寺中四處出海觀音，故謂四海。〔笑案〕吴藕汀未刊稿《古禾片語》中載：「天星、范蠡圓形是湖，臙脂、錦帶、寶帶却是長形，是河。臙脂應作傾臙，朱彝尊詩云：『傾胭河畔落花多』與『寶帶河連錦帶斜』可證，故『五湖四海』之説，亦屬勉强。道光間王壽案云：『俗稱寺中四處出海觀音，故謂四海』更戲言耳。」

橋名極雅者，有竹絲、香花、綵雲、老人、孩兒、蒲桃、燕支、蓬萊、菩薩、大悲等，然多有誤呼者，如蹲賓爲蒸餅，娱老爲魚浪，虹涇爲吳涇，騰蛟爲鄧家，萬里爲鰻鯉。蓋土音易舛，久而成訛。〔壽案〕橋上多有設磚門者，蓋皆當時禦倭而然，近人不知矣。

桃花里可對楊柳灣，蜆子匯可對螺螄濱，百福巷可對萬壽山，和尚蕩可對阿婆橋，畫佛弄可對集仙坊，白苧村可對青蓮寺，廿一世墩可對六萬軍塔。其他尚多，略識於此。〔壽案〕幼時嘗與朱梅岑先生對嘉興地名，亦頗工穩。今附記之：下塔高田，梨村梅里，馬廄牛橋，幽港爽溪，新橋舊廟，楊柳灣梧桐里，石馬山金牛里，孩兒港老人橋，勸善鄉歸仁里，煙雨樓水月蕩，白蓮寺紫竹庵，蒲鞋衖箬帽街，草蕩里花園村，韭菜園竹林廟，作兒里娱老橋，青龍橋白馬里，青龍港白牛涇，鄰鶴里景龍橋，葛趙里王江涇，弄珠樓分金里，甘雨里清風涇，十八里橋六百畝蕩。

敵樓六座，趙文華禦倭時率太守宋治等創建，今已毀其四，其石灰可以愈瘡疥。又嘉興縣治後有瓶山，相傳爲宋時酒務，土人於其下掘得小甖，質粗而色甚古，注水插花，含蕋皆舒。予幼時見之。〔壽案〕《郡志》，敵樓係嘉靖三十四年巡撫胡宗憲、僉事王詢、侍郎趙文華議建，而知府劉慤知縣張烈文董其成。此云宋治，據劉志言之。今杉青閘三座，尚有一座；會龍橋二座，白苧村一座，均存基址而已。

宏文館前直街，自韭溪橋至西埏橋。每遇歲科兩試，學政按臨七邑，士子咸賃屋而居，咿唔之聲，東西迭起，俗謂之抱佛腳。趁集者，列肆市中，百物輻湊，喧嘩雜沓，晝夜不已，此街因名集上。〔壽案〕宏文館，前一埭也。宏文館街，舊本傾敧，自莊竹溪先生首創鋪石，張麗中、陸範斯助之，始稱坦途。

每當鄉試之歲，木龍現則郡中獲售者必衆。所云木龍，乃水中朽木，年久成神，衝波而起，濺沫數丈，雖溝渠淺涸之處，往往經過。有見其形者，謂身黑而長，水藴纏身，若鱗爪云。〔壽案〕丙戌春，鄉人有見木龍者，是年會試中四人，朱朵山先生大魁天下。然吾邑文風大衰，登鄉榜難於上青天，雖有佳文，屢遭屈抑。精風鑑者，或謂蟹行橋河宜開；或謂朝陽廟港宜塞。紛紛議論，迄無成功，殊可歎也。〔受福案〕相傳神木在南湖中，不知何代物。去來無定，出没不常，或逾時一見，或數年一見。陳西堂銘《携李耳餘録》亦載之。〔又案〕文廟中結柏球，其年鄉試必大利。咸豐戊午，嘉興學有此瑞，而徐蘭史錦發解；光緒己丑，府學有此瑞，而高子鳴寶鑾發解。

嘉興縣治後，有槵子樹一株，其大合抱，結子可作念珠。昔先襄毅公備兵東粤，得其種、植於此。近爲雷火空其中，而枝葉不彫，其地即名項家漾。〔壽案〕此樹今已無存。

襄毅公賜塋在象賢鄉之桃花里，廣四十餘畝，松柏參天，皆二百年物，多至千株；内有祠宇，里人祈禱有驗，因謂之鄉下城隍；守墳人夜閒嘗聞吆喝升廳事并琅璫聲。某年有盜，欲伐其樹，至則滿樹皆紅鐙也，因驚怖而去。〔壽案〕項氏掃墓，總以清明日，族人咸集，游觀者甚多。〔受福案〕項姓彫喪殆盡，僅有一二不肖者，往往侵毁襄毅公賜塋。始則盜伐宰木；繼則貨其翁仲、石羊、石馬、石檯諸物；凡可易錢者，竊賣罄盡。傍塋祠宇久毁，門前石獅，亦售與人矣。今城中集街，尚有空祠一所，聞是乾隆閒項氏子孫捐作家祠。庚申劫火幸存，後遂不復立宔。同光閒開設茶寮；近更荒廢，可勝慨哉。

〔壽增〕禾中俗語，俱有所本，兹舉大略，如：一个、客氣、奉承、告老、行李、請安、如夫人並出《左傳》，兩造出《尚書》、《周禮》，文書出《周禮·小宰》注，奈何出《尚書》，軍師、消搖出「檀弓」，別號出「月令」注，好人、萋菲出《詩經》，市井出《孟子》，受業出《國語》，歡喜、畫蛇添足、自相矛盾並出《國策》，廢物出《吳越春秋》，天下太平出《呂氏春秋》，見笑大方、風波、可口、開口笑、不近人情出《莊子》，宗師出《莊子》、《漢書》，官長出《墨子》，放生出《列子》，深根固柢、金玉滿堂出《老子》，吹毛求疵出《韓非子》，四通八達出《子華子》，酒囊飯袋出王充《論衡》，封君、便宜、罪過、抵罪、招摇、亡賴、負荆、草藁、居閒、小鬼、不中用、數見不鮮、傍若無人、一敗塗地、武斷鄉曲、有何面目、不值一錢、死灰復燃、後來居上、多多益善並出《史記》，偶然、權柄、受記、發覺、結髮、風聞、如意、多謝、惶恐、同學、同門、相思、底裏、輕薄、切齒、主人翁、積少成多、和氣致祥、談何容易、延年益壽、稠人廣衆、見事風生、妄自尊大、爲善最樂、盜不入五女之家並出《漢書》，晚生、竹頭木屑出《晉書》，人面獸心出《宋書》，豈有此理、名士風流出《齊書》，酒令、一身兩役出《梁書》，名下無虛出《陳書》，有始無終出《魏書》，潤筆出《隋書》，良辰美景出《北齊書》，前輩、後輩出《唐書》又《四書注》，關節、對手、笑殺、斬草除根、垂頭喪氣並出《唐書》，腳色出《北史》，酒有別腸出《五代史》，過橋拆橋出《續通鑒》，腳著實地出《宋史》，容情出《搜神記》，鯽溜出《宋祁筆記》，打草驚蛇出

《續常談》，讀書種子出《鶴林玉露》，福至心靈出《幕府燕閒録》，人傑地靈、老當益壯出王勃文，相公出王粲賦，令弟出《謝靈運集》，令妹出《陶淵明集》，丈人、丈母出《柳子厚集》，公然出杜子美詩，夫君出孟浩然、李義山詩，飛黄騰達出韓昌黎詩，處分出焦仲卿妻詩。

王壽跋

《古禾雜識》，項朱樹先生手著也。考其時，約在乾隆中，迄今已七八十年。其閒土物人情，變更不一，無論愚者，不能仰窺，即智者亦難臆斷。特稿本殘缺，未付棗梨，殊令人撫卷太息耳。己亥秋榜發，予復落孫山外，閒居無事，爰取而訂定焉。不揣譾陋，增入數條，并附案於每條下，俱就近時立言。其載在郡縣志及他書者，置不備録，緣識淺而學疏也。同里後學王壽跋。

吳受福跋

陵谷蒼涼，桑榆蹈孑，偶繙故帙，雜綴簡耑。回首承平，不堪夢憶，滿腔孤憤，奚敢濫登。癸丑孟陬芥叟漫識。

《搢紳録》於嘉興府風俗條下注曰：「土膏沃饒，農桑耕織，風俗淳秀，人物文賢。」未免鋪張過分。嘗見郡邑舊志，於風俗一門，援據載籍，纍纍數十條。以愚所取，其在《至元志》曰：「罕習軍旅，尤慕文儒，不憂凍餒，亦無積聚。」其在《趙圖記》曰：「人性柔慧，俗奢靡而厚於滋味。」及竹垞翁《送佟太守述德詩序》曰：「其俗陰狡，訟者始躁而終柔，有辜恩而不知怨毒。」之數條，褒貶得中，適如其分，舉以印證是書。後之采風者可以鑒矣。癸丑春日，老芥書。

金兆蕃跋

此書撰人項朱樹先生，乾隆中名諸生，與錢麂山、祝西澗諸先生游。先生四十初度，兩先生有詩，考其年爲三十四年己丑。麂山《老屋集》寒夜雜憶絶句注：己丑秋，薛補山編修來秀州，與余疊韻往反十餘次。此兩詩皆用與編修唱和韻，故知在此年。其後，就糧艘課徒北行，兩先生又皆有贈詩。麂山《老屋集》將終，有輓先生詩，考其年爲五十四年己酉。此卷之首題戊申六月，以詩中所及時序推之，《四時復周》詩有「同雲黯淡」語，當在己酉冬閒。先生年正六十，蓋以客授終其身。聞有未刻詞稿尚存，求之未得見。王補樓先生補輯自跋，言項先生迄今已七八十年。先生府學諸生，雄於文，爲詩壯歲沖夷澹宕，雅近石湖。晚值海疆多事，憤時憂世，乃毗於放翁。張叔未先生則謂絶似大蘇。先生孫甲榮步雲，兆蕃同歲生也。手録先生所撰《玉樹堂詩集》示兆蕃，兆蕃受而藏之。他著有《午午》、《痞宿》、《存真》諸集，皆未刻。先生既以此書乞序於周未庵先生，授諸梓人。顧傳本甚稀，吴介茲先生得之，復於眉閒書近事。王先生書成道光己亥，刻於次年庚子。吴先生跋題癸丑，則爲民國二年，相距又七十餘年。吴先生爲少村中丞子，中丞以清節爲咸同閒名臣。先生舉光緒己卯鄉試第二，高潔繩中丞，淹貫經史，孶訓詁、金石之學，工篆隸，所著書有《百衲編》、《運甓編》、《小種字林》、《集篆》四種、《柱銘偶存》、《貞孝先生詩文集》。晚自號孑黎，束髮爲道人裝。兆蕃屢見之。今下世已十年，所老成不可作矣。王先生卒己酉，年四十五。吳先生卒己未，年七十六。項先生著書時方稱全盛，頻歲南巡，士侈召試，農樂蠲賦，書託義於識小，但言衣制之變，因見隨扈者，而斆所謂邊式。他條屢言俗尚奢華，盛極衰萌，是則有微意焉。王先生補輯，較本書稍擴而廣之，慭鴉片之爲民害，言之深切。刻書後二年，即以是召外侮，變而加厲，以到於今。其時俗尤敝，故作者言多激，尤足以覘世變。吳先生身遘桑海，再補輯諸條，循項先生例，罕涉時事，跋語言短而意長，若有餘恫。二百年中，陵谷變遷，此書但記一鄉習俗瑣細事，而三先生於此寄遐思，託深慨，惓惓不能已，猶是詩人匪風下泉之旨。其於後世伽藍、名園、夢華、夢粱，蓋其倫也。乃出昔從步雲借鈔副本，與拙存、菊生二君商榷，刻入叢書。拉雜識卷末。時乙亥芒種節後。金兆蕃謹跋。

鐙窗瑣話

清・于源著

序

吾禾多詩人，以專集傳者，難更僕數，而作詩話者，不概見。在國初，則有金風亭長《靜志居詩話》，乾嘉間，則有澹川居士《南野堂筆記》，五十年來，絕鮮嗣音。近時于子辛伯著有《鐙窗瑣話》，取材淹雅，持論名貴，其於遺聞軼事，及憔悴專一之士，尤多所闡，表有功於詩道甚偉，其爲《靜志》、《南野》之續無疑也。辛伯閉戶讀書，著述甚富，嘗有《鴛水聯吟集》之選，雞林珍之。去年刻其所爲《一粟廬詩一稿》，亦爲談藝家所推重。未刻者有《題紅閣詞》、《只自怡齋文屑》，又《雜綴》數種，俱可傳者，此編徇同人之請，先授剞劂，而屬余序之。唯余於有韻之語絕無心得，猥蒙采及葑菲，殊堪顔汗，又不文。何足以言序，爲志其緣起如此。道光二十七年九月既望。同邑陳官焌。

目録

卷一

秀水　于源　辛伯

乙未新秋，梅里沈遠香（愛蓮）見過，謂余云：有桐鄉友人載書畫一船過訪，因贈以詩，有「人從書畫船中到，秋自梧桐鄉上來」之句。余甚歎賞。所謂「文章本天成，妙手偶得之」，因論此聯可入詩話。遠香云：「子何不作詩話採之。」余謝不敏。夜窗鐙火，偶憶及此，筆記數則。遠香來，試以質之。

陳藴齋先生球，居郡中瓶山之側，自號一簣山樵。性豪邁，耽酒、工畫。嘗寓西湖，遇雨則著屐出遊，徘徊山麓間，終日不去。人笑其癡。藴齋云：「此即天然畫稿也。免向故紙堆中覓生活耳。」詩品淡逸如其畫。《立夏前一日謝吳生鈞璜惠酒》云：「連天風雨妒芳辰，無限鶯花付劫塵。眼底難留春一日，杯中莫厭酒千巡。辱君何事憐吟客，許我今朝作醉人。櫻笋筵開新節換，酡顔倒却老頭巾。」階前紫竹爲圬人所損，越七年而復生，作七絶句以誌喜，茲録其四首，云：「新篁乍透碧雲姿，歎息相逢已恨遲。不可此君無一日，風光況隔幾多時。」「賸粉零香尚復存，可憐黄土困靈根。七年空灑瀟湘淚，不道亭亭却返魂。」「窗前重見影團圞，幾度憑欄帶醉看。贏得兒童消息好，這回可是報平安。」「舊緑凋零新翠攢，何緣又見碧琅玕。生涯此後無他事，揀取修枝作釣竿。」

蘊齋著有《燕山外史》，通體四六，洋洋數千言，儷青妃白，洵傳作也。葉雨垞刺史維庚題云：「海内文宗陳伯玉，禁中樂府柳屯田。閒來譜出燕山傳，不數懷寧燕子牋。」

時有寄託便佳，而寄託中亦足自見身分。屈翁山先生，布衣也，《題魯仲連廟》云：「從來天下士，只在布衣中。」吴澹川先生，秀才也，《題范文正公祠》云：「由來賢宰相，只在秀才中。」其風調亦復相似。

桐鄉馮孟亭太史註《玉溪生詩集》，博採諸家，極其精當，但既用甲子編年例，而開卷又特取韓碑冠首，何也？

偶過冷攤，見有鈔本詩一帙，買歸讀之，乃當湖吴太顛名揚曾所作。《登海云樓》云：「暇日乘清興，高樓空復情。水深林屋洞，花落秀州城。雲裏雞聲出，沙邊雁勢平。

蒼蒼望不極，有路接蓬瀛。」《金陵有感》云：「禾黍油油落照邊，鍾山佳氣蕩如煙。奸臣抵死爭三案，天子無愁欠一年。北寺未終鈎黨獄，西藩先下蔽江船。不知亡國緣何事，曲巷猶歌燕子箋。」集中有《贈稼書先生姪陸西雝》一詩，知爲康熙時人。

錢唐金麗生樹本，僑居吾禾。與余少同學，不習帖括，專嗜爲詩後，並不問家人生産矣。得一舊印，文曰「杭州阿獃」。喜極，亦確極也。著有《友蓮新築散稿》。録其《古鏡》云：「秋水一泓清，土花半規碧。是將何代金，鑄此千古月。一照懽紅顔，再照悲白髮。悲懽兩不知，研媸終脈脈。」《窮巷》云：「聽雨獨自臥，窮巷無人來。閉門春草生，好花猶未開。忽聞幽鳥啼，驚我午夢回。春風動微寒，蝴蝶雙徘徊。」《金沙港殘桂》云：「中秋未到月不滿，七月初終桂已殘。無限惜花心一片，有人先我獨憑欄。」《曉起》云：「案頭一翦玉槎枒，細細寒香透碧紗。侵曉膽瓶冰似鐵，自吹松火暖梅花。」麗生挈眷遊楚，十年不歸，不知猶有故鄉思否。

梅花詩，林逋「暗香」、「疏影」二語可謂絶唱。高菊磵詩云：「近來行輩無和靖，見説梅花不要詩。」故姜夔自製二曲，以曼聲寫之，亦是獨有千古。余謂自白石老仙去後，梅花更不要詞矣。

吾鄉王仲瞿孝廉曇，狂放不羈，其踪跡雜見近人記載，著有《煙霞萬古樓集》，未刻，罕有知者所聞。斷句，如《題洪稚存詩集》云：「除死頭顱孤註擲，補天文字女媧窮。」《咏錢》云：「生前三日須湯洗，死到重泉要紙焚。」雖極抑塞感慨，究不足誦。其室人金五雲女史亦工詩擅畫，當孝廉避禍江湖時，獨居西湖散花灘。嘗禮天竺，以手寫觀音圓通二十五像，爲仲瞿祈佑，並系以詩，有「神仙墮落爲名士，菩薩慈悲念女身」句，凄涼婉悴，爲時所傳。

黄鶴樓丈金臺，著有《木雞書屋文集》，駢四儷六，頗極典贍；詩工，詠史善持議論。余尤喜其小詩性靈一種。五古《偕柯小坡遊雁塔寺》云：「一鳥破煙飛，引客入方丈。感弔兩詩僧，白雲寄遐想。蕭蕭風雨來，松濤發清響。」五律《湖上秋泛》云：「湖水淡秋影，曉涼移畫橈。好山皆繞郭，疏柳不藏橋。篷底一尊酒，樓頭何處簫。汀洲採芳杜，殘夢碧天遥。」七律《吴大帝廟》云：「生子當如孫仲謀，聰明雄略冠諸侯。大臣膽落幾降魏，小妹心高合嫁劉。三世訪求文武士，六朝還作帝王州。紫髯碧眼遺容在，蘆荻蕭蕭古石頭。」鶴樓居新倉鎮，地屬平湖。新倉有二，其一在海昌，野航寄書往往致誤。其地一名蘆川，鶴樓有《蘆川竹枝詞十首》，茲録其四首，云：「嗚鉦吹角勢喧豗，皂隸前驅兩道開。知是白沙巡檢過，行人錯認大官來。」「木棉生計抵桑麻，白雪盈筐婦女誇。去歲價昂今歲賤，村村夜半聽彈花。」「主客移尊話舊歡，却無雋味佐盤餐。春來白蜆秋來蟹，當作珍饈一例看。」「村姑挑着賣鹽籃，掩耳偷鈴苦不堪。勸汝還家勤紡織，免教胥役虎眈眈。」亦採風者所不廢也。

平湖姑嫂餅，相傳姑嫂二人青年守節，賣餅自活，因以得名。《鶴樓集》中有《咏姑嫂餅二絶》，甚佳。詩云：「十年不字姑將老，五夜孤啼嫂又孀。青女素娥俱耐冷用句，一團明月一團霜。」「玉屑金花一色勻，價廉多買不嫌頻。題糕別有風流筆，妒殺眞州蕭美人。」糕爲倉山叟所賞，見《隨園詩話》。

吳人呼午飯爲點心，小食亦稱點心。梁昭明太子傳京師穀貴，改常饌爲小食。鄭傪爲江淮留後，家人備夫人晨饌，夫人顧其娣曰：「治裝未畢，我未及餐，爾且可點心。」「點心」二字，前人詩中有用得極佳者，如「細嚼梅花當點心」句，膾炙人口。惜不得全詩爲憾。近閱《柳亭詩話》得之詩云：「磨快鉏頭挖苦參，不知山下白云深。多年寂寞無煙火，細嚼梅花當點心。」傳是姚州一古寺題壁詩，亦不知何人所作。

長水詩人梅里爲盛。自小長蘆釣魚師後，代有宗派，近日則推汪一江丈澍，其《古梅溪館詩》，清和淡遠，迥出恒蹊。長古，如《爲馬小眉題五千卷室銅鼓詩》及《題金湘波寶劍出匣圖》，尤見力量，篇長不録。録其五古《池上》云：「愛追林下涼，却向池邊步。池水靜不波，繁星若碁布。憩石一披襟，清覽愜吾素。桐陰流碧雲，荷氣散香霧。忽驚風入林，落葉紛無數。只疑山雨來，不知秋在樹。虛懷欲悟禪，靜得自成趣。手攜蘿逕月，抱琴復歸去。」《冬夜即事》云：「半牀疏影寒，獨臥梅花月。覺來窗竹鳴，蕭蕭似聞雪。開窗月在樹，猶疑殘雪色。出門踏月去，冷光沁肌骨。心知有花處，香已滿溪積。尋香渡溪橋，一隖凍雲白。」他句，五言《有感》云：「燈寒孤館雨，人老百蟲秋。」《生涯》云：「晝寒雙燕靜，春暝百花愁。」《秋潦》云：「江鳥浴孤館，溪蘋黏半扉。」七言《曉發鸎湖》云：「一枝柔艣劃殘月，無數白漚飛曉煙。」《答友》云：「詩有人傳差免俗，書無錢買始愁貧。」《對雨懷友》云：「客爲夜寒呼酒數，天憐春短壓花遲。」《危坐》云：「病瘳才識醫書驗，醉起方知酒券多。」《村西觀白蓮》云：「樹散曉涼初墮月，水溜靜碧欲浮煙。」皆可誦也。

汪雨人學博能肅，山陰人，其先寄籍粤中，遂領廣西，某科解元，後歸原籍，任嘉善教諭，工詩，擅草書，爲時所重。近作名《魏塘集》，《古琴》云：「時手即能弄，古音終不全。若爲存太始，最好是無弦。獨夜空山外，驚濤大海邊。此時吾與汝，默默待成連。」《新春漫興》云：「草未萌芽樹尚殷，如何便説好春還。梅花世界無妨冷，正月人家大抵閒。佳日隻雞招近局，終年喬木作遥山。比來苦憶長安道，不是生憎苜蓿盤。」《冬夜讀書偶作》云：「廊廟山林兩不成，老來有味只孤檠。書多要在生前讀，名盛還防死後評。半夜高窗賖月色，滿庭大木戰風聲。寸心五岳時時起，欲向窮涂一請纓。」《葬事畢卩占》云：「飄泊東南二十年，旅魂才得妥新阡。從今不敢輕官小，助我猶能賴弟賢。百折清流琴在禦，四山協氣玉生田。椎牛何若雞豚養，一奠椒漿一泫然。」《贈宋小茗》云：「老猶相見莫云遲，應仗先生爲析疑。書重牛腰看豈厭，官輕雞肋罷何悲。一生所苦兩兒幼，萬劫不磨千首詩。儉歲富人翻羨子，經畬大熟等平時。」《贈程淡人》云：「世人莫怪操同蚓，儒者原來廉似雞。仲子比君應不及，於陵尚有擗纑妻。」

仁和宋茗香助教大樽，詩豪健，宗青蓮，自編《學古集》，詩僅百餘首，閱者每嫌其太簡。雜見於他選本，知遺珠不少也。録其《少年行二首》云：「見酒忽下馬，繫馬桃花下。腰間不妨無酒錢，一笑便擲珊瑚鞭。」其一。「名姬復勸酒，肯使杯離手。將軍忽募六郡豪，笑背歌筵看寶刀。」其二。《導引曲》云：「勸少年，憐青春，新愁舊愁愁殺人。愁何多兮樂何少，樂苦遲兮愁苦早。更有美人先我老。」五律《得徐溉餘水部還自塞上消息》云：「關外更逢關，山前復有山。上天疑地盡，垂死竟生還。泣斷高堂夢，年年摧壯士顏。河流與歸客，作伴到人間。」《黄村經徐元嘆隱處》云：「暖暖孤村影，初疑無路通。樵歸野煙白，酒熟桃花紅。四海幾高士，百年皆寓公。此間有耕鑿，何勿把清風。」七律《歌風臺》云：「威加海内氣縱横，纔是歸來衣錦榮。亭長已知天子貴，官家也起故鄉情。百年父老誇湯沐，一劍風塵話太平。始信英雄是天授，文章猶冠漢西京。」七絶《前有一尊酒行逢金大作》云：「酒徒零落渺何之，獨向春風把酒巵。今日花前莫辭醉，相逢不是少年時。」《喜蒓江姪抵舍》云：「仙人掌畔跨征鞍，潦倒歸來也自歡。忽見桃花淚雙落，去年曾向戰場看。」

助教長君小茗先生咸熙，近罷桐鄉教官，設帳郡城周氏拳石山房。予以詩卷質正，蒙採入《耐冷譚詩話》，並以所著《息茗齋集》見贈，詩宗家法，録其五律《宿山寺不寐》云：「不眠貪夜靜，窺月上松梢。村遠犬孤吠，鐘寒僧嬾敲。僮扶茶竈睡，詩借佛燈鈔。供客無香積，清齋聚一匏。」《第一樓訪孫漁楂》云：「晨興琴未張，樓淨貯秋光。疏樹碧藏牖，亂峯青到牀。酒緣勤學止，詩爲紀遊忙。將母情何切，車輪空轉腸。」

七律《送人之金陵》云：「隱侯此去始歸閒，笑向滄江破醉顏。雙槳落花三月渡，短笻孤寺六朝山。聚聽説劍來豪士，偷學吹笙有小鬟。名列蓬瀛仙亦苦，何如遊戲在塵寰。」《與嚴少梅泛舟河渚》云：「一溪占斷好秋光，叢桂飄殘尚有香。新漲拍橋低礙艇，寒瓜眠屋老經霜。酒逢村店零星飲，詩共幽人仔細商。曾是昔人高隱地，居民猶解話滄桑。」五絶《秋砧》云：「夫容泣寒露，欲墮半規月。清砧不敢停，昨夢關山雪。」《謁子陵祠》云：「貴賤偶然耳，誰能無故人。忽傳驚帝座，多事是星辰。」七絶《西湖秋柳》云：「秋風不管别離難，蕭瑟旗亭戒曉寒。莫復歸來怨搖落，有人猶在異鄉看。」《贈余道士雲麓》云：「往日雄心莫漫論，老耽幽寂棄兒孫。四山風雨不知處，虎尾如人夜打門。」先生嘗與同學諸子談藝，謂詩無他法，只有一字，曰「脱」。

李笠翁工於詞曲，所著《一家言》，莊諧互見，雅俗共喜，後人每俳優視之，然其精詣自不可没。笠翁墓在西湖九曜山之南。笠翁由蘭溪之杭，築室雲居山，名曰層園。卒後，錢唐令梁雲構立碣表之，曰「湖上笠翁之墓」。嘉慶某年，守塚者匿其墓碣，將易主焉。邑人趙寬夫修復之，且俾爲券藏於家。小茗丈作四絶句紀之。詩云：「築室吳山最上頭，即看餔餟亦風流。層園名士如雲散，樹碣荒阡仗邑侯。移將故碣委荆榛，賺得豪家卜兆頻。九曜山南十弓地，誰知此處葬詩人。才人賦命多窮薄，荒塚平來亦可憐。身後滄桑總難料，更誰重辦買山錢。置人守塚計周詳，更俾親書券數行。從此一抔長可保，不愁枉費束修羊。」俱可風也。

魴魮魚産塘西者更美，桃花時尤佳，脊有翠鱗如豆，過桃花時，翠即褪，味亦漸減。以其似魴而小，故曰魴魮，俗名一點青，亦名桃花魴魮。小茗丈集中有《詠魴魮》一絶云：「歲歲驪歌不可聽，歸來擬補種魚經。碧天橋外春流暖，千點桃花一點青。」

「有情芍藥含春淚，無力薔薇臥晚枝」是少游體物佳境。元遺山論詩，援昌黎、山石詩以衡之，未免擬不於倫。曾見朱夢泉爲人畫扇題一絶云：「淮海風流句亦仙，遺山創論我嫌偏。銅琶鐵綽關西漢，不及紅牙唱酒邊。」實獲我心矣。

瓣香廬在南湖濱，盛宜山居士遠舊隱處。居士嘗自築生壙，有「不知一盞花前酒，誰向劉伶墓上澆」之句。《曝書亭集・題盛叟生壙詩》云：「宜山居士抱詩癖，老傍江湖度幽宅。莫嫌丙舍少兒孫，且免他時賣松柏。」今墓碣僅存。餘地爲漁戶侵占畧盡。清明鬼蜨、落日魚罾，感慨係之。居士刻有《竹林倡和集》、《瓣香廬稿》，僅刻七律一體。嚴伯年家藏有一冊，甚完好，不輕示人。

餘不稱也。余謂唐人七絶，當以李青蓮爲壓卷；宋人七絶，以姜白石爲壓卷。

外洋各國琉球最爲恭順國朝，詞臣奉使册封不一而足，俱採其國土産、風俗編輯記略。道光十八年，又請册封福建林勿村殿撰鴻彥爲正使殿撰，爲吾鄉朱九山侍御門下士，「舟過嘉興一登岸」焉。出近作《奉命册封琉球紀恩二首》云：「乘風萬里竟長征，元氣爲舟不計程。雨露遠隨丹詔去每逢册封則球地豐稔，雲霞爛護白螺行右旋白螺定風，利涉大吏渡海，常安放舟中。榑桑日照纖蘿靜，姑米潮來獨木撐球人恭迎封舟，倒用獨木舡數十，牽挽進港。西望觚稜兼望舍，海天臣子最關情。」其一。「南風吹夢朔風餐球地當閩稍北，故往來必以冬夏二至風信爲準，自在中流氣轉豪。忠信一生臣志定，平安雨字主恩叨「陛辭恭聆，平安早回」之語。將臺酹酒邀神雀閩封舟往返，必有巨魚異鳥，前後擁護，故得遇險無阻，仙島投竿釣巨鼇路經釣魚臺。但使萬流爭仰鏡，濟川作楫敢辭勞。」

沈筤溪丈雷謂余曰，吾鄉梅里布衣稱詩者，前有薛鹵齋，後有汪一江。鹵齋三十後始學詩，所著不多。一江自少至老用力於此，造詣甚深，卷帙亦甚富，然其品詣孤潔，筆墨清迥，正無容軒輊也。一江詩前卷採録甚多。茲録鹵齋《桔槔行》云：「今年六月逢大旱，大河小河水流斷。里正敲鑼沿村呼，橫塘車水糾人夫。爾民此時不盡力，秋來何以輸官租。東村阿母心欲裂，新來廚下饔飧絶。小男大女不辭勞，呑饑飲汗轉桔槔。桔槔鳴鳴聲不緩，日暮田頭水未滿。老農欷歔躭愁慮，搔首攢眉向妻語。今日明日天不雨，倩人寫紙賣兒去。」《江樓懷友》云：「落照澄波迴，江樓四望通。天垂秋色外，人坐雁聲中。紅葉千村樹，黄蘆兩岸風。倚欄思舊雨，惆悵隔西風。」《題畫》云：「披圖似覺響流湍，嵐氣沉沉樹影寒。記得小樓山外寺，十年前在雨中看。」《畫荷》云：「淨洗鉛華點緑蕪，碧筩初放水平鋪。紅衣不肯輕狼藉，莫遣秋風到畫圖。」鹵齋，名廷文，著有《聽雪齋集》，又工畫荷，梅里人雅重之，稱爲薛荷。

樊莒侯爲余誦龔定庵句云：「卅六鴛鴦同命鳥，一雙蝴蝶可憐蟲。」今閲《兩般秋雨庵筆記》知爲陳雲伯碧城仙館詩，非龔作也。孫次公又爲余誦近人句云：「書似青山常亂疊，燈如紅豆最相思。」乃杭州葛秋笙自撰聯也。

本朝理學配享兩廡者，睢陽湯文正、平湖陸清獻二公也。歸愚尚書《國朝别裁》僅録文正詩數首，而陸詩不與。《檇李詩系》録其《題靈邑南寨郙佛寺》云：「亦是聰明奇偉人，能空萬念絶纖塵。當年可惜生西土，未聽尼山講五倫。」議論正大，不是闢佛迂語，而詩終究不甚佳。蓋學人之詩非詩人之詩也。陸公令嘉定，清風惠政，近世罕有，其臨行與夫人同駕一舟，惟有圖書數卷、織機一張而已。其邑人爲之謠曰：「陸公歸舟何所裝，圖書數卷機一張。」真千古美談也。

檇李詩人宋以後始盛。《詩繫》首録漢嚴夫子忌《哀時命》一首，晉干寶《從軍行》，無名氏《阿子歌》，陳顧黄門野王《樂府》四首，唐惟邱庶子爲、顧逋翁況、陸宣公贄最知名。唐以前古蹟猶少，故題詠俱不宜唐音，亦由地使然也。《詩繫》爲平湖沈南疑先生所編，止於康熙丁丑。至今又百四十年，平湖胡氏曾有續編數十卷，未刻，今藏黄霽青師處。

《詩繫》録冷協律謙一絶《題燕肅山水卷》云：「依稀廬岳高僧舍，彷彿商山隱者家。我亦抱琴酬素願，白雲深處拾松花。」謙，字啟敬，元季人。居春波門内。工畫，曉音律，善鼓琴。明洪武朝曾爲協律郎，定郊廟諸樂章。嘗拯一貧友，以左道攫藏金。事發，身遁入瓶中。呼之。輒應，竟不知所在。今圓妙觀東有冷仙亭，祈夢有驗，祠址爲屠侍御園。《桐葉偶書》載有人亭題壁詩云：「綉衣驄馬人何處，水榭花軒蹟尚留。惟有仙人夜吹律，紫雲片片度城樓。」

「妾貌三五年，秋月三五夜。三五月正圓，三五人未嫁。」張詩隱《子夜秋歌》也，已録前卷矣。《詩繫》中，平湖趙天來洄有《子夜元宵歌》云：「儂是三五年，月亦三五夕。三五月長圓，三五年難得。」巧偷豪奪，一至於此。

蘇小小墓，在嘉興賢娼巷，南齊人也。小小詩云：「妾乘油壁車，郎騎青驄馬。何處結同心，西陵松柏下。」一云墓在錢唐，蓋據此詩而言，宋時更有一蘇小小，亦錢唐人。事見《七修類稿》。竹垞先生以錢唐蘇小墓爲妝點。梁應來紹壬《兩般秋雨庵筆記》，笑竹垞蹈爭墩之習，特拈宋蘇小墓歸嘉興，南齊蘇小墓還杭州，自誇平允。殊不知嘉興蘇小墓，唐人已有題詠。茲録唐徐凝《嘉興寒食詩》云：「嘉興郭裏逢寒食，落日家家拜埽回。只有縣前蘇小墓，無人送與紙錢灰。」

明女給事沈氏，秀州人，少選入宫，孝宗嘗試六宫「守宫論」。沈文發端云：「甚矣，秦之無道也，宫豈必守哉。」稱旨擢爲第一。《詩繫》録其《贈弟詩》云：「自少辭家侍禁闈，人間天上兩依稀。朝隨鳳輦趨青瑣，夕奉鸞書入紫薇。銀燭燒殘空有淚，玉釵敲斷竟無歸。年來望爾登金藉，同補山龍上袞衣。」

去余家數十步，爲前明徐太僕祠。太僕，諱世淳，字中明。萬歷戊午舉人，累官隨州刺史。闖賊亂襄鄧間，攻隨城以死守，相持七晝夜，食盡援絶，城陷，單騎巷戰遇害。

子肇梁，妾趙氏俱死之，僕從死者十八人，䘏贈太僕卿。今祠中嵌壁有黄忠節公道周像贊。祠後荒圃一區，舞蛟石在焉。今子姓衰落，猶歌哭於斯。余問其先世遺書，云多散失。《詩繫》中有公所作《野田黄雀行》，亟録於此，云：「北山豺狼猛於虎，南海蛟龍不敢舞。吁嗟黍苗間，啾啾唧唧相驚喧，卑棲恐遭網，高飛或被羅，飛鳴罕得志，飲啄不敢過，縱使蕭條蓬蒿下，不如隨風入海化爲蛤，飄没浮沉無絶劫。有時網羅寬，有時豺狼滅。蛟龍飛騰脱，鱗甲落大田，仍變雀天地，爾時不卑狹。」寓意感憤，筆亦變化不測，惜不得全稿讀之。

石齋先生《題太僕像贊》云：「千仞之岡冒積雪，危松化石挺奇節。睢陽嚼齒髮如鐵，顔公握爪掌透血。干將吐鋩坐屈折，雷神呼山護巨闕。隨州太守英且烈，手持金湯依日月。火齊騰光不可奪，黄金鑄軀尊楚越。不得以面親吾舌，垂像儼然千載活。精靈上天秉黄鉞，上佐列祖鞏不拔。一洗兵馬消蟏蛸，安知鐘鼎非家物。」此贊作於崇禎壬午年，不數年亦殉國難，忠義激烈，誠貫金石，洵稱合璧。

舞蛟石，高三十尺，廣六尺，蒼罅洞裂，若離若合，怒目深爪，若蛟舞壑，石根有「舞蛟」二籀文，傳是松雪手筆。《曝書亭集》據元黄玠《弁山小隱吟録》，有《蛇蟠石歌》仿李白《更九子山》例，改「舞蛟」爲「蛇蟠」，系以詩曰：「石以舞蛟名，未若蛇蟠古，試誦弁山吟，圖經猶可補。」予謂：蛇蟠當別是一石，未可混爲一也。

《桐葉偶書》，秀水俞日絲先生縣著。其自序云：「偶有所得則書，偶有所感則書，偶有所聞則書，偶有所見則書，是之謂偶書。又云西齋之簷有桐，特生而高出，牡而弗實。秋風乍至，蟲食其葉悉成字，或作鳥篆，或作科斗文，或作章草，或作飛白，彼蟲偶食之，吾偶從而字之。而『桐葉偶書』於是乎名。」按，先生生於明季，入國朝不樂仕進，著書自娛。《偶書》中所採，多鼎革時吾郡軼事，足資考證。如吳梅村《鴛湖篇》爲吳昌時銓部作，其外更有祝濬夫《滿江紅》詞，云：「石丈依依，喚不譍，爲誰聾啞。記當年，丹甍碧砌，梧邊柳下。北里笙歌過雨雲，南湖燈火開圖畫。乍凝眸，衰草緑粘天，荒秋野。沙嘴闊，嘶牧馬；池塘冷，魚罾打。問主人，何處寒煙廢瓦。樽俎風流空歷歷，繁華侈麗原虛假。最難堪，遺老説興亡，明如寫。」

《偶書》言，嘉善有兩落圩，地最窊，常患積雨，環圩田若干畝，皆廢爲萑莽。朱孝廉國望居是圩，乃以賤值市得數十畝，躬自芟柞，招致失業者計口授田資，以衣食數年，靡利弗興。悉有一圩之田，屋舍鱗比，炊煙相交，遂以財雄於鄉，建雨匏庵。著有

《雨築庚桑記》。子孫登科甲數人。又言孝廉之教子法尤善，悉書舍中墻壁爲字，凡姑姆抱兒出入，即令指示之，識一字即犒以一錢，兒在懷抱中，日惟有識字爲事，比就外傅，則經書諸字識已強半矣。近魏塘柯小坡萬源以《斜塘竹枝詞》寄示，註中有云：「孝廉鼎革後，彭方伯以才得薦，不就，後死於賊。」可哀也。其詩云：「却聘書裁晚景娛，朱翁何事殞萑符。我來重展庚桑記，匏葉青邊雨點麤。」

鶴秀塔，在三塔寺西，一作學綉。相傳西施學綉於此。鶴秀者，城西某氏婢名也。順治間，有江南裴生投親之浙。不值，欲返路，遭盜劫，行囊一空，呻吟臥道旁，饑欲死。時鶴秀奉主母命攜盒餉女，途遇生，惻然出盒中餌食之，又拔釵以資其歸。有唆於主母疑其有私，撻楚慘酷。鶴秀不能自明，遂縊死。明年裴捷進士，以縣令赴官來浙，思報鶴秀德，適署秀水邑篆，時夫人新卒，欲納鶴秀，知已死，有妹及笄矣，乃娶爲繼室。又建塔以報，鶴秀塔上有「鶴秀」二字。事見《聽雨軒贅記》。余有《鶴秀塔歌》，詩長，不録。《偶書》言：三塔西去有李京娘墓，京爲方孟旋妾，旅櫬葬此。踰年方公復來，袖出殘灰附葬，則其婢也。因種修竹誌其上，錢而介應金弔以詞云：「鴛鴦湖畔春風破，鴛鴦塚上雙鬟臥。白傅舊風流，青衫兩點愁。荒荒學綉塔，誰識京娘墓。竹上有啼痕，殘碑尚可捫。」寄調菩薩蠻。

《偶書》録天凝寺題壁三絶句，爲東萊王公元曦代巡兩浙，在禾微行時所作，詩云：「秋浦烽煙壓地長，萬家懸罄虎貔行。只今檇李溪邊叟，猶自傷心怨夕陽。」其一。「何人夾袋竟荒唐，封事循聲繞建章。鴻雁不堪愁裏聽，傷心盈耳説南糧。」其二。「舟子招招哭捉船，一聲短棹一聲天。只愁南畝催徵急，不道長年更可憐。」可謂有心民瘼者矣。

《偶書》論詩亦有別裁。如言《雅詩》「蕭蕭馬鳴」，寫田獵終事之嚴；太白「蕭班馬鳴」，增一「班」字，便有別離景象；少陵「馬鳴風蕭蕭」，增一「風」字，便有邊塞景象。

魏唐黄子未丈若濟，爲霽青太守師仲弟。黄氏一門工詩，丈猶篤嗜，入之甚深，又神於月旦禾中同人，詩會俱就正之，無不悦服。著有《百藥山房集》。兹録其斷句，五言，如《春日東莊》云：「人稀三逕靜，春到百花忙。」《梅雨》云：「全家居霧窟，一逕富苔錢。」七言，《湖樓》云：「一塔斜陽頽老宿，半堤疏柳畫秋娘。」《雪意》云：「急將茆屋三間補，靜對枯林一葉搖。」《花朝》云：「微風似引初生蝶，嫩日如憐未放花。」《新草》云：「藤杖支來先覺軟，弓鞋踏去定生憐。」《連陰》云：「雨昏蠟屐閒三逕，春冷山茶殢一花。」《白蓮》云：「昏黄庭院疏簾静，煙雨陂塘一鷺來。」《新燕》云：「深深巷陌穿應遍，曲曲房櫳過未曾。」《風信》云：「一陣先聞鴉翅響，幾回常恐屋山搖。」七絶亦雅，近南宋。録其《晚坐》云：「緑窗深處暗苺苔，籬豆花底向晚開。壞砌幽蛩聲斷續，一絲涼月上堂來。」《雲溪嬉春詞》云：「賽社村人密似麻，一條官路市聲嘩。行吟獨過溪橋去，野蝶相邀看菜花。」

邊頤公壽民，以畫蘆雁擅名，相傳頤公初學時苦無師承，乃築室郊外蘆葦間，飛鳴食宿盡得其態，想見良工心苦也。予家藏有一幀，其自題云：「板橋一曲水通村，岸闊沙平落漲痕。我畫雁鴻尋粉本，葦間老屋日開門。」

余最喜七言絶句，故所採詩此體最多。嘗手録《南宋江湖群賢小集》中絶句數百首置案頭，時一吟諷，頗有神會。近惟靈芬山磬兄弟能得是中深趣。頻伽詩，膾炙人口。丹叔詩，知音尚少。唐菱伯嘗評其詩謂：「如著青布衫唱戲，真情實景，絶無粉飾。」可謂善喻。如《水村消夏詞》云：「三更數盡四更長，露濕竹闌團有光。將落月如臨别友，看他顔色漸淒涼。」《明月》云：「墻根漸漸有鳴蟲，簾外微微受小風。待得涼生人已倦，却留團扇月明中。」《夏日》云：「五月已過廿日強，商量避暑有良方。一更便睡五更起，多得曉天幾刻涼。」《冬日田家》云：「團團日出霧初消，西陌東阡路未遙。却笑老翁筋力減，前村稻擔付兒挑。何處笙歌雜管弦，田家風景樂殘年。後村娶婦前村賀，頭白老翁坐上筵。」《借馴鹿莊梅花下宴客戲作》云：「幽亭自起拓窗紗，酒盞茶爐略有些。爲語諸君休謝我，今朝作主是梅花。」《遯溪觀荷》云：「相國園荒老屋欹，平泉草木少人知。我來那有榮枯感，只賞荷花正盛時地爲明相國錢塞庵别墅。」《種柳》云：「頻年相宅此移居，故友關心問敝廬。但到門前須記取，一行新柳十三株。」《曹氏溪莊探梅》云：「園丁頭白亦堪憐，手種猶能記昔年。爲報主人花已放，一枝折供影堂前。」《隔溪》云：「溪上閒行詩思撩，蓼花枝動白魚跳。隔溪想有酒家在，時見提壺人過橋。」《夜坐遲伯子》云：「去歲還家夜款扉，西風淅淅雪飛飛。今年無雪無風阻，風雪不催偏不歸。」《夏日田家詞》云：「黄昏犖确暫時停，野老能談甘石經。指示銀河微白處，一雙明滅踏車星。」《夏日閨中詞》云：「簾鉤未下月侵牀，睡鴨金爐尚有香。笑滅銀釭向郎問，今宵涼是昨宵涼。」

檇李自吳澹川翁稱詩後，詞壇寥落。曹種水言純、馬澹于汾兩丈，猶不廢此事。曹丈僅有半面之識，馬丈與余爲忘年契，今年七十四，猶丹黄不廢，巍然魯靈光也。曹丈刻有《種水詞》三種，詩稿頗富，未刻。予未之見。兹從《靈芬館詩話》中録其《題花南老屋》云：「重畫春風舊釣磯，藥畦花町已全非。南鄰父老猶能記，紅板橋東白板扉。」《題郭頻伽病起懷人圖》云：「客裏無人共酒卮，藥囊題罷復題詩。一年幾日關門住，轉憶匡牀臥病時。」馬丈詩，余最愛其《題南野堂集》二首，云：「秦關閩海楚江頭，歲月星霜老敝裘。名士風流一枝筆，天涯披寫獨登樓。杜陵戎馬雄才出，李白山川傑句收。到處公侯肯低首，只今欬唾已千秋。」其一。「心是蓮花品是梅，昔年總角記追陪。久抛故國青山好，纔借仙人黄鶴回。鸚鵡賦傳三楚稿，珊瑚網住九州才。恰看南野堂開處，多少詞人載酒來。」又《懷吴澹川》云：「疏疏茆屋咽階蛩，助我吟詩小病中。桐蔭涼風吹晚緑，荷香零露落秋紅。一年佳節隨流水，千里懷人托斷鴻。湘北荆南戎馬地，感時愁殺杜陵翁。」惜晚年所遭，輒不如意，時形吟詠。其《示孫》云：「粗衣淡飯貧難必，竹馬泥孩夢可醒。」《偶成》云：「夕陽照水紅猶好，秋草沿階緑幾時。」讀者哀之。

卷四

秀水 于源 辛伯

宋小茗先生《耐冷續譚》，採上海王叔彝慶勳詩，多至數十首。叔彝謂，似非詩話體例。致書見問余，謂採已刻詩？宜簡。採未刻詩，不妨稍寬，蓋外人多所未見轉，以先覩爲快。若《南野堂筆記》録方子雲、吳穀人諸先生詩，亦累牘不盡。叔彝近以《寄深寫遠齋詩鈔》寄示，較茗翁所採時，深秀蒼老，詣益遒上。五古《靈巖山》云：「維舟靈巖麓，策杖靈巖峯。峯峯勢迴抱，濤響澗底松。蠟屐不知倦，雨濕興亦濃。古寺在山頂，萬樹圍垣墉。浮圖倚天表，一半浮雲封。下視湖中山，七十二芙蓉。日暮鬱秋氣，積翠浮重重。暝色鎖林木，隔斷前山鐘。」《飛來峰》云：「衆山皆蒼莽，此峰獨秀挺。天欲炫奇觀，飛來自靈鷲。懸崖如鷙禽，巉石印猛獸。青松頂上盤，碧蘚佛頭綉。蓮花萬瓣垂，日影一線漏。微風裊藤蘿，真液孕巖竇。清泉倒奔出，勢欲與石鬬。終日潺潺聲，自協宮商奏。猿啼久不聞，嵐翠還依舊。巧勢自天成，俗匠安能鏤。試問白足禪，三昧誰參透。長笑過溪來，閒雲鎖層岫。」《水樂洞》云：「路折山始深，林樾氣蒼莽。潆洄水一池，地廣不盈丈。沨沨絲竹聲，細審音何朗。高下協宮商，還藉風磨盪。激石忽鏗鏘，琴筑互相仿。節奏出天然，鼓出巨靈掌。大章與咸池，俗樂豈能倣。憶昔賈師憲，曾來聆妙響。奸回豈知音，徒辱山靈貺。我來值初春，洗耳愜清賞。貺貺太古音，何處著塵想。」五律《滸墅夜雨》云：「篷背瀟瀟雨，更深灑未停。溼雲千里黑，殘夢一燈青。漏響沉街柝，風聲颭塔鈴。鄰舟歌水調，倚枕不堪聽。」《陶芸丈招飲虎阜》云：「多謝陶彭澤，招邀酒一杯。月光和笛起，花氣隔船來。爽氣披襟挹，長筵倚水開。者番今昔感，不獨是蘇臺。」《金山》云：「塔影淩空起，金山最上頭。飛來瓜步月，橫照大江流。暝合千重樹，煙開萬頃秋。壯心勞擊楫，天地一孤舟。」其一。「要開詩眼界，還上妙高臺。水勢兼天湧，潮聲挾海來。僧談兵後事，佛亦劫餘灰。砥柱何人在，迂疏媿不才。」七律《小坐》云：「秋入蕉陰趣便長，緑窗小坐十分涼。人因知己長相憶，事不關心過輒忘。閉戶且消閒歲月，臥遊直傲古羲皇。清風庭院簾垂地，一沼紅蓮自在香。」《寄毛申甫嘉定》云：「頻年踪蹟等浮漚，聞道初回海上舟。問字共來揚子宅，題詩已徧仲宣樓。迢遥山水孤兒淚（申甫尊人海客先生，殉白蓮教之難），辛苦文章兩鬢秋。何日一尊重話舊，江天消盡别離愁。」七絶《吴淞即景》云：「滿眼晴光逼短篷，錦帆看使往來風。誰家上冢船初返，一簇桃花柁尾紅。」《過聽翁寓齋》云：「一片癡雲凍未開，時過穀雨未聞雷。東風無力春難轉，剩有牆陰緑蕚梅。」《湖上雜詠》云：「城門車馬日紛紛，一出錢塘便水雲。占得玉蓮亭一角，煙波要與白漚分。」其一。「白隄行盡接蘇隄，柳色青青放欲齊。畢竟西湖春事早，樹頭已有曉鶯啼。」其二。「鏡樣湖光十里澄，總宜船慣入春增。片帆高挂湖天月，只載雲堂粥飯僧湖中艇子皆用篙櫓，惟雲林寺船獨具帆檣。」其三。「隱隱青山散翠煙，尋幽最好雨餘天。斜陽已上黄妃塔，尚有遊人放畫船。」其四。其他斷句，如：「煙籠官渡柳，香送女牆花。」「鳥能知雪意，梅已抱春心。」「月色涼如水，潮聲夜入城。」「看人穿鐵硯，累婦卜金錢。」「雲含禪榻潤，花擁石壇深。」「十年詩句工無益，一樹梅花瘦有情。」「煙火燒紅半枝塔，東風吹緑一江煙。」「紅菡萏邊秋似夢，碧闌干外水浮空。」「詩書畫並稱三絶，歸去來常寫幾篇。」「白筍肥時僧飫客，碧天晴極樹生煙。」「東風有意栽紅豆，南浦無端又緑波。」皆可傳誦。惜茗翁已逝，不獲相與共賞之。

嘉善柯小坡丈萬源，居斜塘鎮，鎮有狎漚亭，自號狎漚亭長。工四六，尤喜填詞，著有《墨磨人齋集》。録其《臨平道中》云：「水葓花傍夕陽明，漁艇爭喧趁晚晴。着眼好山青兩岸，亂蟬聲裏過臨平。」其一。「茆舍依稀一半遮，炊煙起處有人家。未知何福能消受，香煞門前白藕花。」其二。《渡江》云：「江上青浮數點山，好風吹度片時閒。前灘鷗鳥真無事，冷眼看人去復還。」《夜過鶯湖》云：「兩岸菰蒲雨到初，漁燈照我讀叢書。枉來笠澤論鄉味，不見銀絲寸寸魚。」《邨行》云：「籧篨微礙板橋低，店舍無多煙影迷。一逕秋光描不盡，戎葵黃過夕陽西。」

菩薩橋觀音庵僧竺溪，青浦人，俗姓魏，自云寧都三魏後人也。能詩，刻有《黃葉吟草》，居西溪時作。山中無紙筆，得句爇香刺落葉上，久之，遂積成稿。事殊幽絕，惜詩多野狐禪，予不甚喜。約霞城一過訪之而已。竺公化後，周未庵教授甚稱之，極道其《題鈐集山堂》一詩，録以見示，恨知之不盡。其詩云：「泱泱袁江水，蒼蒼鈐山巔。山川發光怪，鬱久生神奸。咄嗟嚴介溪，擢第登春官。讀書二十載，才名動清班。云何不自飭，林磵生慙顏。永陵慕元修，政柄歸共驩。謬以青詞寵，攬茲黃閣權。宵小競黨附，氣勢傾朝端。大事問東樓，小事諮蕚山。京攸轉傾軋，惇黼競攀援。誰能撩虎鬚，不憚悚豸冠。小臣楊容城，謇諤排天關。帝懵若不聞，相怒不可干。丹心貫斧鑕，碧血埋榛菅。其他所屠戮，罄竹書難彈。貴溪本同寮，忤意喪厥元。曾銑死綏事，債帥稱赳桓。青霞中詩禍，異教嗾追扳。珍玩或賈禍，微言卒投閒。梟獍肆搏擊，不容一鳳鸞。自謂根蒂深，固如磐石安。蒼穹忽悔禍，九重燭欺謾。冰山易以摧，朝露易以乾。司空誅西市，金吾投窮邊。師相逃一死，偷活向草閒。回思老妻泣，没齒含悲酸。口碑掛婦孺，惡名故不刊。藍道誰惑君，公論合當然。嵩已墮術中，暗箭穿心肝。徐階亦巧士，相門迹不傳。一旦取而代，帝心信益堅。余昔過分宜，山水清且寒。欲與山解嘲，泚筆洗其瘢。豈翳山川改，適遭國運艱。生斯老奸佞，元氣從此殘。不見練子寧，清忠冠人寰。亦繫此邦産，賢奸判天淵。一爲澤畔蒿，一爲巖際蘭。」

平湖沈吟齋以堯，常過訪不值，介榕屏以所著《白石山房稿》見示。録其佳句，云：「老去藏書千卷富，貧來賣藥一囊多。」《過李辰山墓》。「五夜青燈楓荻岸，一溪寒木稻花秋。」《蟹簖》。「紅杏一旗湖上酒，青山孤艇客中詩。」《塘栖道中》。「滿院鳥聲春晝永，半闌花氣午風初。」《閒居》。「巧合新妝三婦艷，招涼閒坐畫闌前。」《茉莉》。「田低麥熟常多雨，水漲隄平欲上潮。」《壬寅暮春感事》。「琴書樂事歸蕭瑟，風月良辰值亂離。」同上。「西風江上人千里，明月樓前櫓一聲。」《秋懷》。「三徑草生張仲蔚，一船書載米襄陽。」《王小溪移居》。七絶《秋夜》云：「虛堂人靜遠聞砧，挑盡孤燈覺夜深。窗外不知微雨霽，半庭殘月一蛩吟。」《戈溪待渡》云：「垂楊緑淨遶溪斜，野艇無人泊水涯。芳草斜陽人獨立，數聲幽鳥落桃花。」平湖詩人俱奉方子春先生爲圭臬，雅有法度，吟齋其一也。

子春《生齋集》九卷，手自編定，卓然傳作，其晚年喜性理家言，謂詩爲辭章聲氣之末，有妨正學，可以不作。余謂，聖人删詩不廢鄭衛，矧雅頌耶。子春之言似非篤論。其詩尤長於五言律。茲録其《銀山曉發》云：「夢破碧山曉，一星江上明。疏鐘花外寺，淡月水邊城。梅柳新年發，風霜短褐輕。煙波浮浩蕩，深愧白鷗清。」《新秋》云：「芭蕉四五葉，涼意得秋先。清夢留孤枕，羈愁憶去年。殘雲棠邑樹，早雁歷亭船。復奏清商曲，江湖思渺然。」《韜光》云：「天地唯一緑，竹風吹面寒。泉聲半空下，人影白雲端。佛宇憑霄出，江光潑眼看。清幽輸老衲，高臥此層巒。」《懷蘅石》云：「不見五十日，著書今更多。小樓聞落葉，離思渺煙波。旅雁驚秋早，溪堂斷客過。知君耽寂寞，風雨獨高歌。」《望魚山》云：「雲旗不可即，鐘梵自年年。芳草陳王墓，空祠玉女泉。

樓臺含暮雨，松桂積秋煙。終古迎神處，飄搖問洛川。」《舟次吳江》云：「太湖春水生，新綠抱孤城。日出墟煙靜，風喧谷鳥鳴。草生經雨後，花影入江清。篷背青山色，依依送客行。」《茱萸灣晚泊》云：「春色留不得，楊花高下飛。隨風千萬點，如雪落征衣。鳥下蕪城夕，雲連楚岫微。一尊江上酒，流恨滿斜暉。」《相思》云：「新月掛楊柳，碧天春雁鳴。美人終歲隔，清夜繞花行。別久翻疑夢，書來未報瓊。相思如玉漏，斷續到天明。」《元日辛豐曉發》云：「林影上朝旭，一峯青向船。榜人炊宿火，流水送華年。鄉夢梅花發，春聲社鼓前。東風催短棹，浩蕩入江天。」《南田》云：「一雨溪流活，波光綠到天。邨喧布穀鳥，人放罱泥船。茆舍臨春渚，桃花簇晚煙。江鄉風日好，雞犬亦歡然。」

康熙庚申二月，吾禾重修郡學建希聖堂，土中忽現古錢，輪廓堅厚，字畫整楚，陽鑄「天開文運」四字；陰有筆、錠、蓮、鐙四象。庚戌平湖陸清獻登進士。戊辰秀水沈元洲廷文，以第一人及第。一掇巍科，一躋從祀，真奇兆也。元洲有《咏古錢之瑞呈范司訓詩》云：「安定新堂泮水東，地靈呈瑞五銖工。鎔成寶篆磨礲舊，鏤就龍文氣象雄。塵土那能埋異質，神光直欲吐長虹。已知天意栽培在，應有真儒達帝聰。」元洲一分校春闈，終於修撰，著有《廣居樓詩集》。近爲其裔孫研怡太守所刻。小詩亦清妙可誦。再録其《停舟棗林閘》云：「層巒坐對一開顔，鎮日看山不厭山。我愛晚山銜落照，莫教津吏便開關。」《舟行即事》云：「行處河流千百折，到來茆屋兩三間。盤中膾有吳鹽在，買得青蔥紫莧還。」《元墓山行》云：「登臨莫訝未攜琴，流水高山愜素心。徒倚雨花橋石畔，滿山鐘磬寺門深。」

平湖徐夢蘭元基，一號天壇埽花生。工書善寫生。詩不多作，時有雋句。近以《碧月樓稿》見示，録其《餞春詩》云：「玉筍朱櫻入饌新，廚開莫惜酒千巡。人生佳節休輕過，明日看花不是春。」《病遣》云：「傲骨支離病體輕，更殘漏斷眄天明。紗幮靜寂渾無夢，茉莉花開徹夜清。」

韓詩《羑里操》：「臣罪當誅，天王聖明。」世謂文王豈以紂之無道，反稱以明聖。退之此語似屬過。當然亦有所本詩鳴鳩：「母氏聖善，我無令人。」

陽關三疊，大約即唱一詩而三疊之。《夢花雜誌》載：「一仗送人，唱陽關三疊。第一疊，唱渭城七字詩一首；第二疊，截去渭城、客舍等前二字，作五言詩；唱第三疊，截去前四字，作三言詩唱，唱至『一杯酒，無故人』句，則音彌哀楚，舉座淚下矣。」其説頗新。

向謂平湖詩人俱奉生齋爲矩矱，謹謹有法，唯費君莩莊熊吉捷足，奔放不受羈縛。予評其七古有青蓮面目，長吉心肝，時賢中不易得也。卷中《嬰山歌》、《東海酒徒歌》、《諸葛銅鼓》諸作尤爲出色，篇長不録。録其斷句，如：「清高詩骨格，豪放酒神仙。」「一夜前溪雨，寒潮直到門。」「作客誰青眼，勞歌易白頭。」「愁雲低古堞，寒月照秋笳。」「破窗穿月影，落葉葬蟲聲。」「水色明沙鳥，秋聲急草蟲。」七言，如：「歌聞南浦最深處，人在西湖第一樓。」「一燈深巷霜初落，十里天街月色明。」《析聲》。「孤枕三更驚客夢，西風一夕搗離愁。」《砧聲》。「綉帕尚餘香冉冉，青衫曾漬淚盈盈。」《無題》。七絶《楓溪道中》云：「欲落未落日光淡，半正半欹帆影遲。拍隄新漲人不見，煙水一灘飛鷺鷥。」《湖上納涼》云：「樹影參差帆影斜，碧天如水蒴窗紗。嫩涼生向新荷柄，時有好風開一花。」

海昌李壬叔善蘭，長於勾股之學，著有《四元解》等集。金山錢氏刻入「守山閣叢書」中，其詩名《聽雪軒吟稿》，録其《子夜歌》云：「歡心作儂屋，方使儂歡喜。一刻不相離，日住歡心裏。」《暮春野步》云：「斜日家家掩竹扉，連宵細雨麥苗肥。落花不管人愁絶，故逐東風上客衣。」《禽言》云：「行不得也哥哥，請看雙親髮俱皤。遊子征途苦，高堂涕滂沱。忍使朝朝愁風波，何况阿嫂又纖弱，兄弟又無多，承歡缺人將奈何，行不得也哥哥。」

余每見冷集遺聞，隨手摘録，或人傳單詞只句、雜寫書眉、刺尾，以備遺忘。偶檢舊篋，得聞川計曦伯光炘佳句數聯，題爲《夏五病起》，云：「多病也知衰有漸，驟喧始覺夏將中。索果那能嗔稚子，加餐且復慰慈親。煮藥煙疑花隱霧，熟梅雨過研生雲。」皆可誦也。曦伯風誼甚高，其族祖甫草先生墓在爛溪，曦伯嘗修培之，偕同人酹酒墓下，繪有《溪陽謁墓圖》。又得滄浪亭僧六舟所貽吳「永安六年計氏造磚」，是三國時車騎將軍計昭物。家藏書畫甲一郡，尤多石田、南田真蹟，署其清秘之室爲二田齋，故一號二田。少孤，得兩母氏教，孺慕尤切，嘗乞上海女史趙儀姞棻，作《計氏二賢母序》，吳江女史徐丹成玖小楷書，精摹勒石，藝林珍之。

同里陳然青文焌，以《小書篷詩稿》囑爲點定。夏秋以來，臥病累月，鎖置篋笥。寒窗炙硯，校閱一過，藉破岑寂。録其七言斷句，如：「隔巷雞聲驚月曉，入簾蟲語訴秋寒。」「碧梧葉葉飄金井，涼月亭亭到玉除。」「籬豆雨疏螢火活，渚荷香淨露珠圓。」

「閉戸不知花已落，垂簾但覺燕無聊。」七絶《題味梅姪梅窗覓句圖》云：「一丸涼月照庭柯，消受寒香味若何。料得羅浮幽夢裏，乾坤消氣得來多。」其一。「官閣哦詩早費才，郎君琢句出新裁。佇看借得東風力，吟到百花頭上開。」其二。《七夕》云：「銀河耿耿路迢迢，今夜雙星渡鵲橋。何事倚樓人不寐，涼風吹過一枝簫。」《題月下彈琴士女》云：「月明如水瀉空庭，緑綺攜來對畫屏。秋思滿腔人不識，夜深彈與素娥聽。」皆可誦也。

病起無俚，與次公壬叔作《消寒集》。壬叔又招其鄉蔣君杉亭仁榮同作，詩牌郵筒雜置藥罏茗椀旁，興復不淺也。壬叔以杉亭尊人夢花丈楷《來青閣集》見示，録其《晚過西山和唐人石刻韻》云：「向晚出門好，行吟上翠微。錯譍山衲問，貪看竹禽飛。返照紅窺徑，濃蔭緑染衣。遙看邨落外，樵牧幾人歸。」《遊理安寺》云：「松聲疑法雨，不見虎投關。福地應歸佛，清泉不出山。堆經禪榻畔，駐錫嶺雲間。默坐三間閣，分明見八還。」《茆庵》云：「山小不知路，茆庵隨意來。寺門出脩竹，佛座暈青苔。坐久蒲團壞，秋深落葉堆。神仙不可接，吟嘯獨徘徊。」七絶《新秋息喧草堂偶坐，次吴榕園韻》云：「四壁風聲落樹端，草堂一枕夢初殘。緑陰位置吟詩處，遮住斜陽釀嫩寒。」《茆堂》云：「茅堂灑埽淨無塵，江紙窗糊一色勻。日暖鳥啼禁不住，梅花笑借隔年春。」杉亭稟承家學，年少工詩，嘗咏《黄葉》，有「深秋剪出蝶衣工」之句，余亟賞之。昨以《小飛來山館詩集》寄示，各體俱清妙可喜。五古《秋日田家》云：「晚稻未登場，早稻已盈屋。家家新米炊，今歲喜豐熟。稚女不耕田，偷閑栽野菊。秋風老瓦盆，黄花燦庭角。」五律《閉門》云：「閉門得清福，小住淡塵心。林霽響殘雪，竹深鳴凍禽。呼童開臘釀，偕弟試新吟。今夜月初滿，登樓喜不禁。」《來青閣對雪》云：「草閣奇寒聚，紙窗虚白生。探梅疑有信，墮葉忽無聲。山迴空煙合，天低一塔撑。孫康讀書處，今夜省燈檠。」七律《春陰》云：「濕煙低與遠山平，幾點澆花雨未成。竹院僧猶迷午夢，藥欄人未解朝酲。簾痕似水微通燕，林暈如潮欲閣鶯。連日閉關無客至，不知小草滿庭生。」七絶《過汪一江半漁水榭》云：「紙窗竹屋倒澄波，窗外時聞款乃歌。經卷藥罏安置好，公然一箇病維摩。」《客窗聞雁》云：「一燈如豆照愁顔，嘹淚征鴻去復還。寒月滿窗風滿枕，櫓聲搖夢到家山。」其他五言斷句如：「寒星窺酒盞，殘雪逼書燈。」「竹酣青墮地，山曉碧浮空。」七言《咏緑萼梅》句：「愛分山水早春色，脩到神仙未白頭。」亦佳。

梅里姚眷庭循陔，館來青閣最久，著有《木石居詩草》，馮勺園外翰嘗採入《清芬集》中。眷庭晚喪妻子，形影相弔。詩句如：「漸覺頹顔非故我，若教削髮便成僧。顧我本無文可賣，逢人只有老堪誇。」皆淒涼不忍卒讀。

杉亭又寄示令弟韻泉光烈遺詩一紙。詩爲《題南田柳溪漁隱圖》，云：「牽蘿補茅屋，青山日當午。一溪杳莫測，隱隱數聲櫓。插柳柳含煙，人語隔江浦。得漁行買酒，一塢鶯聲聚。」韻泉工畫，詩不多作，作亦不存稿。杉亭頃從故篋檢得之，真吉光片羽矣。

平湖朱草亭逢盛，居舊衖鎮，耽吟媚學，嘗與里中同人結詩社，刻有《下里集》。丁未四月，來郡送兒輩應試，以近作一冊見示。摘其佳句，五言，《春日即事》云：「午夢墮青晝，空庭生靜思。」《詠苔》云：「小園荒徑滑，古墓斷碑封。」《池亭》云：「六月失煩暑，一亭生早涼。」《遊濕香庵》云：「蒼松清鶴夢，流水洗塵心。」《懷黃鶴樓》云：「溪水一泓碧，別來三月餘。」七言，《病榻》云：「永夜清霜欺病骨，五更殘夢落燈花。」《春日田家》云：「半村半郭宜蠶地，輕暖輕寒養麥天。」七絕《納涼》云：「一天星斗影縱橫，且坐柴門看月明。不覺夜深閒話久，流螢飛出豆花棚。」《荷花詞》云：「蘭橈劃破一湖煙，聽取吴娘唱採蓮。却笑鴛鴦亦癡絶，並頭花下穩雙眠。」《插秧詞》云：「村後村前暗濕煙，桔槔聲斷熟梅天。雨多耐得蓑衣冷，緑遍南山十畝田。」

葉小鸞，吴江人，而《隨園詩話》誤爲粤人，亦非無故。會稽陶綏之隨宦嶺南，寄籍番禺，補博士弟子，嘗得小鸞眉子研。研有犀紋，如新月狀，其跋云：「舅氏從海上獲研材三，分致予兄弟。」瓊章得眉子研，綴以二絶云：「天寶繁華事已陳，成都畫手樣能新。如今只學初三月，怕有詩人説小顰。」「素袖輕籠金鴨煙，明窗小几展吴牋。開奩一研櫻桃雨，潤到青琴第幾弦。」此二詩《返生香》失載。葉溉翁，爲天寥先生詩裔，其題《疏香閣集》後有「一研何年歸嶺海，致令詩老誤流傳」句，指此事也。

蔣子延丈，最喜誦潘功甫舍人曾沂「一絲風裏看叉魚」之句。吴枚庵先生序舍人詩，迺稱「小紅去後笙歌歇」、「月細風尖水磨頭」二語。沈匏廬太守詩話中，則又獨賞「細雨濛濛艓子來」七字。予以爲皆佳句也。唯蔣丈所誦，今《功甫小集》中不存，知好詩亦刪去不少。諸公既標其單詞。鰍生更摘其偶語，五言《光福道中》云：「疏籬淡流水，古墓冷秋煙。」《坐月》云：「風聲碎黄葉，花影臥蒼苔。」《贈觀公》云：「禪心靜流水，詩骨淡梅花。」《得雲庵坐雨》云：「寒意動疏竹，清愁上短檠。」《管氏水亭》云：「松花落枯蛩，荷葉墮哀蟬。」《晚憩》云：「水鳥歸前渡，漁煙帶廢祠。」《遊某寺》云：「苔莓縫裂石，蝙蝠帖危闌。」七言《客舍》云：「三椽冷舍多留月，一夜空床守廢檠。」《冬日齋居》云：「盆花減石疏於畫，林雀投簷冷到詩。」《山谷生日小集》云：「上皇瘦鶴思公物，小璧團龍寫舊詩。」《旅店阻雨思友》云：「巷無車馬三朝雨，子有衣裳一夜寒。」俱極慘淡經營，非僅學郊寒島瘦也。

荒齋湫隘，早暑便酷，幾無可避，架上拈得《於斯閣集》，有一詩題甚佳，讀之不翅一服清涼散也。臘月十二日，早寒甚，開戶始知有雪，遙望隔溪，路稀人絶，步過石橋，叩梅史門，趣之起，偕邀南廬，由西阡上妙果山，過小桃源松竹，經雪反娟娟有媚意，寒翠沁入心骨，登西峯平臺，望東南諸山，林壑縈蹙，朝暉注射，雪色明滅，加以萬家炊煙，嘆帶往復，明秀不可描畫。此時人意亦蕭騷曠遠，絶不類在人間驢背清狂詎論。今昔乃至酒家水閣，劇飲竟日。詩云：「啟戶觸奇情，入山淡朝旭。雪意不媚眼，惟能曠幽獨。半夜風力嚴，萬峯寒意足。迢遞問前溪，臨流唾淨緑。」集爲海昌陸少白素生所著。

次公「斷腸人去，傷心事多」作《綺愁十二首》。録其斷句，如：「摘後青梅含醋意，種來紅豆是愁苗。」「漫天弱絮飛無力，匝地荒荆刺有鍼。」「綉枕鴛鴦是同命，開籠鸚鵡豈初心。」「百丈絲誰牽玉虎，一杯羹未覓倉庚。」「苦縈春夢偏多惡，知畏人言已薄情。」皆哀感頑艷，淒入肝脾。海上沈浪仙題其後云：「閒愁如水日盈盈，並翦攜來斷不成。儘見才人嫁廝養，空傳名士悦傾城。玉簫舊約迢迢夢，紈扇新裁縷縷情。我亦金鈴虛十萬，護花心事負今生。」予亦有題詞四首，存集中，兹不更録。

録荷花，見於題詠者絶少，唱鬧紅者，未易濡筆也。近見楊辛甫丈秉桂《潛吉堂集》中有此一題，詩亦絶佳：「東方欲白霧初醒，早起花閒水亦馨。曉色蔚藍涼意淺，竹梢如夢立蜻蜓。」集後附有畫蘭題跋一卷，筆墨清絶，亦在冬心、板橋之間。

樊葟侯徐雷，好作險語，句如：「暗蛩替我泣墻角，窮鬼追人上塔尖。」讀之令人淒然不樂。《北江詩話》有云：「娉婷鬼女夜行役，漆燈照見雙履蹟。土花蝕面不分明，猶帶生前小桃色。」淒人心骨。《西青散記》有云：「西鄰寡婦墻夜崩，濕薪炊煙哭初罷。青霜棱棱雞不鳴，黄花女郎夢中嫁。」盛夏讀之，亦淒人毛髮矣。

黄鶴樓丈爲余誦武原道士張雲槎謙斷句。五言：「山月自今古，溪雲無是非。」七言《贈張叔未解元》：「六如去後才無敵，三影詞成鬢有華。」又「琴入瀟湘月有聲」七字，尤佳。雲老，又工畫山水，嘗輯《古今羽客詩》數十卷。

吟齋又寄示尊人雲泉丈廷燿《愛吾廬遺稿》，吾友顧訪溪廣譽序之，極推其人品風誼，詩其餘事也。蓋丈居近三泖，饒桑麻花竹之勝。杜門課子，琴書自娱。故其詩不求工，而自有合作。茲録其《暮春》云：「纔見春來又春去，留春無計且吟詩。頻聽幽鳥聲聲喚，緑樹陰中立少時。」《江村即事》云：「雨餘漲過碧溪痕，流水桃花共一村。破曉山禽鳴屋角，不教童子早開門。」

壬叔旅居無聊，忽忽感慨，致書張君湘石，有「古今人不相及」之語。湘石答，書難之謂，古之今人，即今之古人，今之今人，即後之古人。壬叔不能辨也。湘石亦工詩，昨寄舊稿數紙見示。録其《塔橋村舍》云：「石梁承塔影，竹逕抱溪斜。一澗明秋水，連塍香稻花。避人憐稚子，愛客款山茶。笑指煙飛處，臨流八九家。」《暮秋即事》云：「立冬已近天始霜，今年秋色遲重陽。枝頭楓葉猶剩緑，籬落菊花初破黄。登盤老蟹剥亦得，壓槽新酒醉不妨。農人過話劇心喜，遍隴稻熟將登場。」《蘆花》云：「水光雲影渺無端，秋色空濛欲畫難。溢浦風淒江月白，洞庭波急雁聲寒。半灘晴雪涼鷗夢，一抹斜陽冷釣竿。我亦年來雙鬢改，不堪蕭瑟倚愁看。」《秋夜散步》云：「早稻壓隴黄雲黄，如鉤纖月照迴塘。柳綫弄風亂人影，蘆花搖雪明水光。道旁竹暗一犬吠，沙渚夢穩群鷗涼。山僮解事門未掩，壺觴小具新醅香。」《題茆屋聽秋圖》云：「草閣一燈青，秋懷靜如許。不知夜氣寒，切切聞蛩語。」其一。「昨夜雨聲多，芭蕉響不歇。欲知秋淺深，臨階數落葉。」其二。《夏日遊仙詞》云：「人間局促暑難安，霞舉翛然挾羽翰。戲拍洪厓肩笑問，洞天何處最清寒。」其一。「閒向銀河吹玉笙，清商一曲和雲英。廣寒捧上冰輪月，笑指塵寰徹底明。」湘石，名均，海昌路仲里人。

汪端光助教《無題》詩云：「並無歧路傷離別，正是華年算死生。」兒女心口描摹，曲肖《西青散記》。有詞云：「記得深深深夜語，生生死死千千句。」尤覺盡致。

卷五

秀水　于源　辛伯

月上樓，在碧浪湖上，向屬鮑氏。雍正間，厲樊榭徵君納姬時，曾寓此樓，今集中有《八月十五夜，城南鮑氏溪樓紀事詩》。近歸奚虛白丈疑，即以厲家姬人小字名樓。樓前有榆七株，一名榆蔭樓。樓中供奉徵君及月上小影。奚丈嘗繪《溪樓延月圖》徵題，余亦有詩，存集中。圖中先有朱酉生孝廉綬二絶，云：「平生低首厲花隱，西馬塍西祠墓荒。唯有樓頭老榆樹，當時曾見拂霓裳。」「酒奚瀟灑不諧俗，此是人間真布衣。日夕憑欄看苕水，道場山近片雲飛。」今知止堂刻本中不載，亟録於此。奚丈有自題四首，兹録其二，云：「城南良夜正中秋，洗盡銀雲溪上樓。聞道彩鸞曾下嫁，碧天如水月當頭。」「山似修眉水似螺，碧湖雙槳盪漚波。彩雲一散空留影，贏得詩人老淚多。」又湯雨聲都督貽汾六首，亦佳，録其四，云：「天香易散彩雲收，尚有詩人愛此樓。桃葉傷心迎不得，碧湖無恙自東流。」「青山依舊似修眉，無復重來杜牧之。歌斷柳縣人不見，月明誰唱鮑家詩。」「去燕空尋玳瑁梁，畫欄猶賸綺羅香。年年寒食西溼路，只有桃花似舊粧。榆錢喜買苧蘿春，如畫湖山願結鄰。妒爾銷魂詩句好，前身豈是擘柑人。」奚丈家善釀酒，故一號酒奚。

朱淑真《元夜·生查子》詞，見《六一居士集》。漁洋山人曾辨之，而竹垞翁《詞綜》猶沿舊誤。近惟許昂霄《晴雪雅詞》，則竟刻歐陽修名後，有選者當從之也。去年與壬叔、杉亭作消寒會，有題《斷腸集》詩，余仿論詞絶句作一首云：「愁絶黄昏月上時，文人詞誤女郎詞。任伊御却千秋恨，我怪小長蘆釣師。」

禾地卑下舊不産茶，近塘匯章園有種茶樹者。穀雨未過，嫩芽初摘，亦堪入賞。然知者尚鮮。往年王詩石姊壻嘗招同人小集，試章園茶，未及作詩。後詩石以《梅溪舊館圖》屬唐菱伯題詞。菱伯詩補及之，誇爲此題始倡，詩云：「一粟廬中識君始，故人與鴇君舅弟。今年來訪湖上春，清明穀雨流光新。緑楊深處叩君宅，乃與傾衿通款洽。隔墻春酒沽梨花，沽醉瀹我章園茶。章園茶樹産鄉里，灌以鴛鴦之湖水。靈芽漾漾開翠旗，顧渚雙井不足奇。清芬襲人沁肌骨，頓慰文園消渴疾。忻然示我梅溪圖，圖中咫尺君舊盧。百年花木有遷徙，枝葉扶疏一木繫。矧君學術深五行，方輿圓緯指掌擎。京房郭璞不挂齒，對客觥觥論文史。題君是圖意鄭重，更乞園茶作清供。但餘舅弟勿餉人，瓦爐活火招嘉賓昨夜辛伯招同餘三重試佳茗。」

穆湖溪上般若庵，一名小雲臺，向有僧抱月悟瑩，駐錫於此，著有《旅泊吟草》。僧，生平嗜詩，頗極研鍊，然閉門覓句，不挂於士大夫之口，遂不與借庵、小顛輩並稱。張子眉生壽昌，藏其手稿，屬採入《瑣話》中，以存其人。録其斷句，《山僧》云：「閒尋古洞穿雲白，細數幽花點砌紅。」《老僧》云：「心與水雲諧冷淡，身將梅鶴共支離。」《嬾僧》云：「山果臥聞簷際落，野花坐見榻旁開。」《貧僧》云：「半鉢松花輕黍稷，一罏竹火傲陽春。」《遊僧》云：「欲拾萬峯歸碧眼，不辭雙屐叩蒼煙。」《病僧》云：「一枕溪雲秋瑟瑟，四簷山雨夜沉沉。」《孤僧》云：「伴食堦前唯瘦鶴，結鄰庵外只寒山。」《竹林寺》云：「冷雲隨鶴朝辭洞，孤月尋僧夜入樓。」《送友》云：「秋方作意留君住，月竟無心爲我圓。」《秋懷》云：「野寺僧敲煙翠磬，江邨人掩夕陽關。」《結夏》云：「漫把江山供草屨，好移歲月上蒲團。」皆可傳也。

同邑陳味梅鴻誥，嘗和余寒月詩，附刻《一稿》中。近見和余病起詩，亦佳。補録於此。云：「喜君今已脱沉痾，竹屋蘿窗費拭磨。籬角定驚秋色老，案頭唯有和章多。新晴開爽愁堪埽，舊雨聯吟日再過。便擬攜琴來話茗，一樽相對快如何。」其他絶句，亦清妙可喜。《即事》云：「時有清香逆鼻來，匡牀夢醒費徘徊。呼童急起推窗看，架上藤花無數開。」《隔溪》云：「偶啟柴扉步夕陽，輕風遥送稻花香。隔溪隱隱炊煙起，柔艣一聲歸野航。」《寒夜》云：「六出飛飛點翠苔，夜窗開卷幾低佪。忽然簾角一風入，吹逗梅花香氣來。」味梅與弟筠石鸞封，俱工畫，每喜合寫梅竹，時稱雙璧。著有《紅豆詩窗小稿》。

然青嘗攜示二阮詩，一曉鶴，名懋播，著有《吟香書屋詩稿》；一芝舫，名壽春，著有《雁湖別館偶存草》。茲録曉鶴《賣花詞》，云：「筠籃裝入選時新，巷巷清晨叫賣春。誰料黄鶯偏解事，先來喚起玉樓人。」芝舫《納涼》云：「一庭蕉雨濕莓苔，六扇紗窗向晚開。最好多情天上月，却移涼影入簾來。」二君與味梅亦兄弟行，正如王謝子弟，俱有風格。宜然青亟稱之。

去年六月時，染暑疾，誤服庸醫藥，幾不起。朱生藹人爲余診治，始得痊可。同時次公霞城同抱劇症，亦邀治之，俱獲效。藹人嘗從余學詩，後去而學醫，寒窗鐙火，頗極研究。年未三十，活人已多。近時，吾禾言岐黃者，未能或之先也。偶檢篋笥得其舊所作詩，録其《詠菜花》云：「幾日東風野外吹，菜花又見試花時。三分春色歸芳陌，滿地黃金布夕曦。茅屋可邀名士賞，竹籬漫和隱君詩。千紅萬紫多消盡，偏有文章擅色絲。」它句，如《花隖》云：「紅雨隄邊鶯學語，碧紗窗外燕初來。」《柳隄》云：「碧水平橋漁艇傍，緑煙村市酒家藏。」亦佳。客問：「藹人學醫與學詩孰勝？」予曰：「學醫勝。學醫兼善，學詩獨善。」客曰：「如庸何？」予曰：「學詩勝。庸詩誤己，庸醫誤人。」

立夏前一日，招同人集一粟廬餞春，聽平湖俞芷衫鉒彈琵琶，以新聲寫古曲，得所未聞，作長歌贈之。芷衫善琴工奕，尤嗜吟咏，著有《蹄涔集》已二刻矣。茲録其《送時秋鶴司訓余杭》云：「送君抱琴去，吟偏余杭山。古洞尋丹竈，仙踪猶可攀。旅程秋色裏，官舍白雲間。陋巷同居者，而今獨掩關。」《舟泊大乘寺》云：「蕭寺何年建，扁舟溯此方。溪寒魚翠落，林靜貝多香。幾處積殘雪，一僧耕夕陽。今宵聆妙梵，疲臥悔津梁。」《海上訪沈浪仙不果》云：「借問靈湫客，橫琴第幾峰。鷗飛常近海，鶴定不離松。便欲試輕策，其如聞暮鐘。梅花六橋路，恍惚與君逢。」七絶《題南湖小築》云：

「愛爾鴛鴦湖上居，輕煙漠漠雨疏疏。門前千尺桃花浪，斜日紅樓看打魚。」《哀徐絅齋先生》云：「山影樓中百衲琴，七條寒玉寫秋心。伯牙腸斷成連逝，無復人間霹靂音。」絅齋，名光燦。精於琴。有《霹靂引》一曲，日本使者以千金購其譜，弗許。年九十五，令其孫某招芷衫，將授之，未果，尋卒，竟成廣陵散矣。

芷衫詩最見賞於鄉前輩朱小雲觀察，其《蹄涔後集》，觀察序之。觀察以嘉慶辛未捷南宮第一，入詞垣，改水部，嘗使滇南遊嶺表，歷官豫楚黔及塞外，文章治績，炳著一時，似無意與憔悴專一之士，爭短長於五字七字矣。芷衫昨以《小雲廬吟稿》見示。集中詩，如上灘出峽斷險，追幽思，助江山，筆驟風雨；而其短章小詩，則又抒寫襟靈，自然淡遠。茲録其《立秋日作》云：「老樹得西風，蕭然作秋意。看月啟荆扉，月華流滿地。蟪蛄鳴草根，清露滴荷芰。翹首望銀河，有懷不能寐。」《秋日早起》云：「秋風一夕涼，高枕擁布被。夢醒覺更闌，落月在窗裏。砌蛩聲漸疏，寸心清如水。東家早鳴機，悦然催吾起。」《昭慶寺寓樓》云：「幽絶招提境，禪關夜不扃。雲光當檻合，山色抱樓青。清梵風中落，疏鐘枕上聽。擁衾憐夢短，鄉思渺遥汀。」《寂寞》云：「寂寞茂陵臥，孤懷鬱不開。凄風吹夢斷，微雨送秋來。回首平生志，驚心歲月催。佳人渺天末，中夜幾徘徊。」《黔州七夕》云：「蛛網塵生掩綺樓，歸期孰唱大刀頭。歌殘錦瑟華年恨，腸斷銀河絡角秋。天上有情猶惜別，人間無地可埋愁。青鸞白鳳參差翼，萬里含悽對女牛。」《登滕王閣》云：「第一文章第一樓，凭高吟眺挹清秋。三春粉蝶圖仙館，千里長風送客舟。吳楚天光杯底合，衡廬山色座中收。好攜鐵笛重霄上，吹散空江浩蕩愁。」《寒夜寄内》云：「屈指暌違已浹旬，蘭閨寂莫悵孤檠。相思知爾還如我，寒雨瀟瀟夢未成。」《晚泊散步》云：「隔岸青螺聳髻了，雲林深處兩三家。清香一路風吹送，開遍山田枳殼花。」《題顧榕屏茂才詩集》云：「靈鶴清襟冰雪姿，泠泠澗水入琴絲。洛如風雅音誰嗣，心折韋郎五字詩。」《滏陽道中荷花盛開》云：「觸熱行來路逕遙，花光照眼暑全消。十年憶殺江南景，香渚風清送晝橈。」

道光丙午三月，乍浦瀕海，沙閣大魚，長徑九丈，習海事者亦不知何名。禱於神，臠割以賣，競葬人腹。芷衫紀其事，作《巨魚行》，云：「赤馬司年龍紀月，合朔二旬有二日。鐵版沙塗晚汐來，罡風怒吹海倒立。馮夷擊鼓天吳驕，浮空叱咤神鬼號。壑鯷樓蜃靡不有，不測奚翅黿鼉蛟。噓氣成雲沫如雨，有物毆舟人漁浦。奔騰跳躍疾且僵，身閣泥沙不能去。萬人聞之爭往觀，吁嗟博物張華難。爲鯨爲蟃究莫辨，其狀如魪而黑斑。自尾迄顱徑九丈，惜無象舸戕觔兩。脊翅渾疑鬣帆張，頷胡直作鮹旗晃。粵滇乾隆壬午年，巨鱗失水沙汀眠。卜以梧珓殺則吉，長弋樁喉聲聞天。金錯瓜刀腹中剖，始驚呼噏吞舟口。防風朽骨尚專車，乙斵船梁丙春臼。今之視昔將毋同，天實假手非人功。出乎爾必反乎爾，食人人食須臾中。轉憶揚鬐莽滄渤，南溟運徙還窮髮。萬里橫行恣老饕，舜漁湯網難爲力。姤陰伎倆終何如，流膏爲淵觀此魚。作歌一笑告海外，人而魚者其鑒諸。」

宋魯簡肅公宗道，鯁直立朝，時有「魚頭參政」之語。公曾宰海鹽邑，有魯公浦，爲公所濬；又有思魯橋，公祠墓亦在其鄉，今分隸平湖，一名東皋園。其裔孫介庵上舍模，猶居皋園，搜輯公遺書，僅得《家訓一篇》及《黄山紀遊詩》數章，詩載自《山志》中，世不甚傳。今録其《登黄山》云：「三十六峯凝翠靄，數千餘仞鎖嵐煙。軒皇去後無消息，白鹿青牛何處眠。」《蓮花源》云：「花開十丈照峯頭，露褪紅衣爛不收。太乙真人多逸興，穩眠一葉泛中流。」

魯祠楹帖及謁祠墓詩甚多。茲録平湖徐惺庵侍郎士芬詩，云：「松柏凝空青，煙霞流積素。藹藹城東隅，下有魯公墓。魯公已千載，初地尚如故。皋園莽荊榛，遠浦交雲樹。遺愛在此鄉，骨鯁見風度。竭來一展拜，悠悠動遐慕。祠屋閟蒼苔，夕陽忽已暮。」後侍郎乞假歸里，僦居簡肅北皋園故址，自題楹聯云：「寄人籬下，在我意中。」殊有景慕先賢之意。又朱勿軒觀察煌楹聯云：「義著三從端肅内外，諫沮七廟提振紀綱。」又朱茮堂漕帥爲弼楹聯云：「古之遺直簡編重，鄉有名賢俎豆光。」俱極端重凝鍊。

漕帥弟理堂司馬爲燮，又有《謁宋司理魯子謙公墓》詩，附録於此，云：「簡肅風高魯氏先，簪纓奕葉似蟬聯。揚州司理真州尉，宋室循良漢室賢。十八則傳家訓切公有家訓十八則，百千年仗裔孫縣謂介庵。使君神武昭靈應，鄰近松楸表墓田公墓在白沃使君廟後。」

嘉慶某年，重甃西埏里集街道路，得宋代砌街磚，銘文八字云「人豐翕集，市井駢闐」，後一行云「大宋政和三年癸巳歲」，前又一行云「大宋嘉泰元年辛酉歲正月十六，用石重砌。」其陰刻「秀州嘉興縣郭五鄉，居住會首胡公佐、張世隆、精嚴寺淨悟大師有肱、張安言、羅明之、馬悦、沈爽、費元實、陳章、吴拱，遍募衆緣，同力重砌，大市官街一道，自韭溪東，砌至菩薩橋。聖宋政和三年六月十一日，下手興工甃砌，伏願保國安民，風調雨順。仍願捨錢僧俗施主，洎普天之下一切有情，增延壽算，植福無疆。書此謹記。泥水都料邵宗仁、弟宗義等。崇信書。」此磚藏葛廣文星垣家。曹種水作《宋砌甎街歌》云：「政和癸巳修甎街，嘉泰辛酉甃石重。非銘非記僅幾字，意賅語樸書體工。其陰文辭祝史類，禱求甘雨祈和風。願延福算遍僧俗，務在閭閻人好公。集街由來七百載，此地翕集稱人豐。鄉名郭五逸莫考，安得建置擢所從。至今駢闐市井象，通寰朝夕喧杵春。葛君築街嗣先志，倡率仁裏相鳩工。韭溪橋道接試院，石匱啟視莓苔封。時維六月日十一，正如前代興工同。陰德自謂如耳鳴，殆已默感神明通。濡搨持贈索賦咏，翠螺丸墨香溶溶。我思汴京夢華録，街巷無復尋甎筒。武林舊事考諸市，勾闌瓦子迷西東。銅駝荆棘兩寂莫，北狩南渡再數窮。艮嶽既作礟石散，御題並碎卿雲峰。紀年一字葬陵骨，更鬱義士孤憤胸。甎乎豈解抱遺痛，付汝泉淚滴秋蟲。磨挲喜其馬券論，瘦似跋尾黄涪翁。毗陵嬾版銘句就，宜州家倅載筆終。蘇黄手蹟不可得，此書已足當時雄。惜無好事東觀老，不腐瓦證羽陽宮。他時留待補志乘，竊擬志小資譚叢。一鏡雙鎖君不取，經箱自畏胠篋攻。月波樓前買醉好，青錢與我輸酒傭甎旁又有一鏡兩鎖青錢等物。」

向訪種水文詩稿不得。昨，郭止亭承勳以所藏《徵賢堂集》見示，黄霽青師曾選一過，猶未付梓。集中有《由拳思古詩》五歌三十首，雜採土風於《鴛鴦湖棹歌》外，別具一格，篇繁不録。録其小詩《湖陰夜泊》云：「沙路微茫接遠天，江村同泊釣魚船。

那知身在瀟湘夢，雨打寒篷夜不眠。」《重陽》云：「客裏登高付等閑，山城試訪武邱山。酒邊獨蘸題餻筆，細雨孤篷載菊還。」《洞庭》云：「滿瓶釵股摘絲蒓，魚美刀砧嫩鮓新。喚起白鷗同一夢，黄柑緑橘總留人。」《題南湖修禊圖，送郭頻伽還里》云：「一般楊柳畫中看，此日東風也作寒。付與何人重憶我，滿湖春水倚闌干。」《五月一日偶插榴花有感亡妹》云：「榴花折得强徘徊，節物菖蒲取次催。廿載敲門思往事，雨中正送一枝來。」

檇李以産李得名，然城中絶無此樹。今惟淨相寺有數十本，西施爪痕非顆顆皆有也。昔人以江南楊梅，配嶺南荔支，余謂吾禾之檇李方爲勁敵。且荔支以阿環流芳，檇李以夷光駐艷，更難軒輊。昨日，竹里王芑亭逢辰摘餉數枚。報以詩云：「分來珍果快嘗新，淨相僧廬種最真。好是野航船上寄，不勞一騎走紅塵。」竹里，一名新篁里，去城一由旬地，野航籠書，晨夕可達。其二云：「花草吴宫且莫論，已聞舊樹失徐園。妻孥未解興亡感，苦覓西施指爪痕。」徐園，在城南。今樹盡薪矣。

芑亭所藏彝鼎古器甚夥，顔其居爲「秦瓦晉磚之室」，所刻《槐花吟館試律詩》，坊間甚珍之。向謂嗜金石者，必膠性靈；精帖體者，必苦束縛。芑亭以近稿録示，則又清和淡遠，不雜一塵，賢者果不可測也。録其《重至當湖屈氏孝友堂看菊》詩，云：「出門又見菊花天，船泊東湖古岸前。夙慕三閭名最盛，重逢九日色猶鮮。籬編鹿眼疏兼密，徑闢羊腸斷復連。慚愧王宏無酒至，餐英儘許繼騷篇。側身恍覺入柴桑，枝挺高寒尚傲霜。仔細看供一月好，辛勤種費半年忙。花佳如見幽人淡，秋老猶留晚節香。彈指兩開今異昔，徘徊前度感劉郎。」

前人詩，後人不得妄改，然亦有節刪數語，而愈見其佳者。如柳子厚《漁翁詩》，刪去末二句，以「款乃一聲山水緑」作結，則悠然不盡矣。近人有刪黄仲則《題機聲燈影圖》詩末四句，以「畫中咫尺渺親舍，南望白雲千里深」作結，較更簡妙。吳榕園《浙西六家詩鈔》，吳穀人《鳳凰山懷古詩》，亦節改末數句，以「冷落鳳凰青隔竹，隔江風雨諸陵來」作結，尤有神採。

李青《詠石崇》云：「當時付與緑珠去，猶有無窮歌舞人。」勉作曠達，惄然無情。又李昌符《緑珠詠》云：「誰遣當年墜樓死，無人巧笑破孫家。」用意刻深。奈喪名節，直不如一死爲得耳。季倫，一守錢虜，絶不足取，而與名士美人，緣頗不淺，黄門同歸，緑珠其盡，抑何幸也。

「掘盡七十二疑冢，必有一冢藏君屍。」語頗痛快。《聊齋志異》載：「曹操水葬漳河，至康熙間始發，露碑，識可辨。」王叔武《雜説》云：「正德十一年，河北旱，飢民發曹操疑冢凡十三處，皆有屍，内有一冢，用水銀殮一黄衣黄鬚人，宛如生者。」苕上張芸士熙過訪，誦其亡友朱白榆點斷句：「不逢黄祖頭還在，爲泣紅兒淚未幹。」語頗奇警。以紅兒對黄祖，較之趙甌北之對烏孫，尤工。

陳皇后求作《長門賦》爲文君取酒。逸少書《道德經》與道士換鵝。即今潤筆也。近王蓬心太守爲支酒票，黄霽青山長有詩《酒券》。以詩畫易酒，亦屬韻事。吾友計君曦伯傚二公故事，參東坡玉女泉詩意，爲調酒符，題尤雅馴，自作詩云：「蓬心六法霽翁詩，韻事流傳又一時。新樣更參坡老制，不知誰餉酒盈瓻。尋常酒債自年年，且把雲山換醉眠。破墨頹毫君莫笑，臥遊也省杖頭錢。」曦伯詩曾録其《夏五》、《病起》諸聯。茲從《二田齋稿》中再摘其五言斷句，《秋聲》云：「冷雨和蛩急，西風捲葉行」。《漁燈》云：「漚汀搖短夢，蟹舍耿長宵。」《精嚴寺晚步》云：「移柯松鼠疾，隔院木魚幽。」《溪行》云：「桑葉孤村市，藤花野廟春。」七言，《初夏集小滄浪》云：「軒窗最好開三面，漚鷺無猜聚一汀。」《元日對菊》云：「霜華籬畔成追憶，金勝釵頭欲鬭妍。」《九日》云：「楓葉傲人先自醉，菊花憐我久無詩。」《竹衫》云：「笑我竟成衣百結，是誰織出網千絲。」七絕，風韻尤佳。《水邨消夏詞》云：「偶來載酒蕩輕橈，紅藕花香一路遙。花底鷺鷥人不見，自家臨水賞風標。」《荷花生日詞》云：「翠蓋亭亭好護持，一枝艷影照漣漪。鴛鴦家在煙波里，曾見田田最小時。」《春燈詞》云：「刻翠裁綃各鬬妍，千枝銀蠟暖生煙。是誰悄向閒階立，獨自低頭憶去年。」又有七律一首，神似樊榭，題爲《右股患瘍，坐臥一榻，聞嘯溪有觀荷之遊，輒爲神往，戲成一律》云：「如曰哥哥禽忽鳴，鬧紅一舸艷鷗情。繙書正得鑿齒傳，煮藥剛支折脚鐺。善病兒言詩作祟，停沽僮喜酒休兵。若爲夢作溪邊鷺，好傍荷香立到明。」

朱畹芳女史，吾友沈君浪仙太夫人也。結褵兩載，遺孤六月，苦節教子，卒光綽楔。幼嗜吟詠，賦寡鵠後，乃盡棄去。所傳《先得月樓遺詩》，寥寥數章而已。録其《秋感》云：「天空孤雁叫霜寒，七事關心勉自寬。賣綉買書教子讀，質衣糴米勸姑餐。悠悠未醒人間夢，僕僕何能壁上觀。生寓死歸參已破，愁潮淚雨怪無端。」

平望趙靜香丈筠，知余有《鐙窗瑣話》之輯，致書相勗謂：「不宜徇情，忍簡毋濫。」以故前數卷，益加删汰，割愛不少。然憔悴枯槁之士，藁本散佚，或因是藉存數章，亦未盡可廢，旋復稍稍存之。靜翁精楷書，爲時所重，嘗與徐山民丈同葺俟齋先生祠。詩不多作，脩潔可喜，録其《題石谷山水一絶》云：「幽栖分占屋三間，流水桃花路幾灣。未要外人尋便得，春風楊柳緑當關。」

甪里街有婦科醫者陳姓，門前列一木扇，上書「宋賜宫扇，南渡世醫」八字。其先汴人，名沂者，扈蹕而南，遂爲錢唐人。嘗治高宗妃危疾，有奇效。賜御前羅扇，宫中有疾，不時召之，聽持扇入，閽寺不沮。仕至翰林金紫，見萬歷《杭州府志》。居吾禾者，亦其後人。黄冊屢更，青囊無恙，亦一奇也。趙意林《南宋雜事詩》云：「朝來宫婢藥囊添，滿院飛花掩畫簾。手把輕羅還絮語，每逢三月病懨懨。」

秦淮古佳麗地。余淡心《板橋雜記》搜採殊富，然如馬湘蘭、徐翩翩已不及見。近人亦有《續記》，微不及余作，自監篋汰後，揮金客少，炫翠人稀矣。道光壬寅，金陵當用兵之後，舊院一空。吾友秦君次游光第，從役戎幕，小住數旬，燕去花飛，彌助羈屑，作《弔秦淮八絶句》，茲録其四首云：「青山碧水總淒涼，南部煙花舊擅場。海外罡風何太急，雨雲吹散怕還鄉。」「微聞豪竹又哀弦，白下西風夕照寒。漆板船兒誰喚取，一齊横在板橋邊。」「畫閣沉沉掩碧紗，粉紅格子映朝霞。釵光鬢影知何處，尚有提籃叫賣花。」「斷風零雨滿征途，對酒空憐喚奈何。兩岸辛夷搖落盡，寒潮聲咽莫愁湖。」

郵亭驛館多有女子題壁詩，哀感頑艷，最易傳播。摭入小説，流爲丹青，然非信史也。騷人遷客，自況流離，假托閨媛，虚騰芳譽。唯吴漢槎出關，凡經宿處題壁，款署金陵女史王倩娘。此爲人所知。

客言聞湖陶梅若丈瑄緑蕉山館芭蕉經冬不凋。霜未降時，先卷其葉，以稻草束裹之，臘尾春回，徐徐展放緑天，無恙也。梅若長於詩畫，其寫生得甌香真趣。頃見其詩，亦疏雋可喜。録其斷句《餞花》云：「黯緑易成三日雨，瘦紅賸化一簾愁。」《月夜》云：「滿徑竹風涼似雨，當階松影立疑人。」《秋感》云：「人如病柳疏還嬾，詩似秋花淡不濃。」絶句《夜坐》云：「疏簾三面卷斜陽，茗椀閒攜話晚涼。絡緯數聲秋已至，一庭清露玉簪香。」《秋夕》云：「翛然瀹茗焚香坐，此景年時恍惚同。稚女山妻閒論畫，疏簾涼溢一鐙紅。」

梅老又寄示陸君夢珊儀庚《燕山浮湘二草》，録其《桃源道中》云：「落英芳草滿湖濱，路出桃源便問津。猶是桑麻與雞犬，不知何處避秦人。」「白鶴一點還兩點，緑樹千叢與萬叢。輪與船頭捕魚者，朝朝只在畫圖中。」

去年，陸君慎庵景鏞以《瓣香書屋詩集》屬加校勘，並爲之序。匆匆付去，未及採摘。近索其稿，再閲一過。因録其《秋日書懷》云：「長日關門稱索居，筆牀茶竈儘蕭疏。齋中絶少閒人到，老樹低頭聽讀書。」《消夏詞》云：「十里蘋花照眼開，平湖幾曲水雲偎。飛飛蝴蝶何因至，却借輕風吹夢來。」《秋曉》云：「喔喔村雞報五更，窺窗猶見月華明。參差過雁渾無影，何處寒江忽一聲。」俱清雋可喜。

嘉善有二村落，曰南沈、北沈。前明，沈氏叔侄二人俱登甲科，官不大顯，而子孫繁衍分居二村，耕田讀書，殊有桃源風景，不似晉人，以貧富分南北阮也。吾友紱堂明經丹培，南沈也。受業於黄霽青師，最早當執梃，爲門生之長。著有《青箱館詩》、《雜組》等集。録其五律《夏墓蕩》云：「波平移短棹，十里晚蒼茫。遠岫飛青翠，孤罾晝夕陽。酒消詩鬢瘦，花引野蜂狂。憑吊前朝墓，空留宰樹荒。」七律《春雨遣悶》云：「長日愁看篆影遲，尋芳負却牡丹時。花知酒客十分醉，雲與詩人一樣癡。斷送落花春草草，消磨渴睡雨絲絲。論文喜有兒能解，據座聊充問字師。」七絶《夏日閒遣》云：「燒殘銀葉暗香侵，乳燕聲低伴獨吟。記得今朝逢竹醉，新篁特地補墻陰。」《偶成》

云：「挑燈話雨小紅樓，眉黛俄添一段愁。笑問落花紅滿地，花神底事不擔憂。」其他斷句，《即事》云：「兒頑喜有書堪療，弟病愁無藥可醫。」《敝裘》云：「享同名士千金帚，擁其寒窗半席氈。」《霽青師息耕草堂落成》云：「冷吟祗索梅同笑，清俸還分鶴作糧。」《供菊》云：「燈分瘦影幽人畔，瓶沁寒香古佛前。」《閒遣》云：「病讀奇書如上藥，窮耕破硯當良田。」《賣書》云：「多藏劫重錢同散，舊主緣慳蠹亦愁。」《西湖感懷》云：「白袷重來憐我老，青山依舊笑人忙。」俱佳。

味梅弟筠石近以《蕉花硯室吟稿》屬爲點定。録其《曉起》云：「曉起了無事，開軒臨水坐。遙指煙雨中，殘荷紅一朵。」《春晚》云：「棼尾參差植滿庭，幽香陣陣入疏櫺。曉窗寂寞閑無事，自折花枝插古瓶。」《春眠》云：「寶鴨香消月影昏，安排紙帳繞吟魂。思量倘有客來訪，分付梅花代管門。」《秋夜即事》云：「閒齋展卷費徘徊，了鳥紗窗面面開。却是那家樓閣上，隨風吹過笛聲來。」筠石，年未及冠，而詩筆清灑如此，亦未易才也。

《二溪吟草》，一爲徐君怡亭壎《鷺溪吟草》，一爲張君夔齋允逵《玉溪吟草》。夔齋又館怡亭家，酒闌茗罷，時有聯唱。兹録怡亭分咏美人宜稱三首，《樓上》云：「怕透春消息，窗紗故未開。無情隄上柳，青到望中來。」《簾中》云：「隱約紅窗畔，微聲響佩環。麝蘭香不遠，咫尺萬重山。」《燈下》云：「綉罷挑燈坐，閒愁對短檠。晚妝慵未卸，燃草驗陰晴。」他句，《春日湖上》云：「花瓣飛紅黏客帽，柳蔭分緑上漁蓑。」《月夜舟泛》云：「波光閃爍當風活，星點微茫近月無。」《過一粟廬見贈》云：「倏然一粟幽居地，不信詩藏海漾寬。」夔齋句，《迎燕》云：「前邨社雨關心久，小院春風識面纔。」《寒燈》云：「卜花深院釵頻拔，起草寒窗手自挑。」《見贈》云：「兩字功名輕雁塔，十年聲價重雞林。」皆佳句也。

卷六

秀水　于源　辛伯

余最喜元漫叟《春陵行》、《賊退示官吏》諸作，感事攄情，深燭民隱。歲癸卯，吾郡當用兵之後，州縣奉上官命，清釐積欠。城南有老儒王某，客授外鄉，追捕到官，計無所償，有女年十五，请自鬻以脱父，爲匪人掠賣倡家，瀕受污矣。有曹翁知之，贖以歸。余作《王孝女詩》，存集中，又作絶句一首云：「磨笄自鬻亦堪悲，忍讀春陵一曲詩。千古姓曹人解事，黄金肯爲贖蛾眉。」近曦伯見寄《小瓊海集》，爲吴江陳二赤赫所著。陳亦寒士，集中有八詩甚佳，採風者倘有取焉。題爲《余以國課未了，拘來城中，似禁非禁，不囚而囚，積六十餘日，得詩八首》云：「我禁吾身自怨嗟，非關人世妒才華。前涂人哭山多虎，半夜村喧甕少蛇。綽有古風牢畫地，斷無好夢客還家。從來成拙都由巧，此後心田慎發芽。」其一。「不帶南冠作楚囚，此生分付與窮愁。胡笳拍後教誰贖，新婢泥中自忍羞。目送蘆花飛澤國，身同燕子鎖重樓。敝袍可耐吳江冷，門外濃霜積水流。」其二。「東南財賦重三吳，鄭俠當年繪畫圖。大有頻書艱卒歲，小家多累迫新租。明知鴆毒飢充腹，敢悔蒲鞭痛剥膚。強半城中來野老，鳩形鵠面伴寒儒。」其三。「鹿城校士說今朝，爭向詞場奪錦標。此日蝸牛黏土壁，當年銅雀訪山橋。心遊文筆峰名頭慚秃，聲入琴堂尾愛焦黎邑尊于岸以擬程見示。宋艷班香勞下問，齊瘤不鬥楚宮腰。」其四。「橫陳地上枕惟肱，啼斷城烏到五更。困似後來薪屢積，惡偏居下溼能生以柴草鋪地作臥具。而今絮作沾泥重，多謝身從藉草輕。輸與杜陵兒裂被，常醒魚目聽雞聲。」其五。「五十里偏作孤客，兩三月已換中星。人非異雁書應寄，燈豈無花卜不靈。何處樓臺能避債，閉門風雨況懷刑。弟兄妻子同憂患，那得平安報室寧。」其六，望家報不至。「灰填葭管忽飛揚，兀坐端愁此夜長。詩竟無工添一綫，窮真有法守三章。今朝兇吝應生悔，斗室陰寒未勝陽。安得天心容易復，梅花點點暗生光。」其七，冬至日作。「彤雲四布作嚴寒，六出花飛耐冷看。自笑空囊真白戰，肯隨凡艷到紅乾。光明好照逃亡屋，堆垛能埋凍餓棺。莫道羈留太岑寂，由來清潔出艱難。」其八，對雪作。

秦秋槎丈瀚，次遊尊人也。原籍山陽，來客吾郡，遂家焉。中歲苦貧，授徒自給，不妄干一人，其勵品如此。閒亦作詩，俱從性情中流出。如《雪夜懷太初兄》云：「戛玉窗前靜得音，敝裘不耐夜寒侵。傭書況味孤檠暗，磨墨生涯古硯深。笑口難如梅有信，淚痕轉羡燭無心。歸篷何日萍踪合，姜被空思續舊吟。」《悼亡》云：「井臼親操不假人，女紅早晚歷酸辛。最傷心是黄昏後，籌及明朝缺米薪。」其一。「每逢客至便茶湯，客去時聞論短長。富貴趨承貧莫厭，閨中箴諫未曾忘。」其二。次遊集其尊人手蹟數十紙，裝成巨冊。昨攜見示，書法亦蒼老可愛。

古書漶漫，筆畫疑似，以訛傳訛，渺不可數。其甚者，莫如遊五岳之向平，或作尚平。脩晉史之于寶，或作干寶。後人述德，何所適從。

鴉片出西番，一名合甫融，見徐伯齡《蟫精雋》；一名鴨屎紅，見楊秋衡《海録》。《本草》作阿芙蓉，然只是罌粟膏耳。其流毒天下，果不待言。近人拈此題者甚多。《兩般秋雨庵筆記》採一聯云：「不覺漸成長命債，豈知早受一燈傳。」殊見懺悔。陳愚泉句云：「身長雲臥非關隱，口縱霞餐不是仙。」亦工描寫。然不如應笠湖云：「黄金灰裏盡，白日夢中過。」猶覺超妙。予嫌「鴉片」二字不古，別作罌粟詩四律，存集中，茲不更録。

王載揚徵君，平望人，少業賣米，市樓臨水，一燈獨吟。適湖州沈艑翁舟泊水驛，聞誦詩聲，知非常士，詰旦造訪，遂同入都，聲譽鵲起。今其鄉人，猶艷稱之。近日，張君虛堂鐘，少孤讀書，亦隱於市，不廢吟詠。郭頻伽丈嘗採其詩入《爨餘叢話》。著有《漁父填詞閣集》。録其「和菱伯感秋」四首，《舊劍》云：「鏗然風雨夜堂幽，彈鋏歸來已白頭。碧血沉沉迷世代，土花漠漠記恩讐。沉吟按爾孤懷迥，睚眦從君一醉休。可有延陵風誼在，霜華斜挂墓門秋。」《廢檠》云：「九華無焰夜沉沉，顧影竛竮思不禁。珠箔闇飄將灺雨，蘭煤猶抱未灰心。虛疑銀葉承花妥，隱覺銅仙漬淚深。何限緑綈方底事，冷螢空閃畫堂陰。」《斷碑》云：「頹陽衰草訪清秋，布毯還應信宿留。問字亭荒餘屓贔，摩厓筆健失龍虬。氈椎隔雨聞殘響，樵牧犁煙拾古愁。一片韓陵誰共語，空令異代仰風流。」《蠹簡》云：「叢殘芸葉檢陳編，敝帚千金只自憐。覆醬物餘誰著作，坐氈人老此丹鉛。行間涕淚空留影，劫後蠹魚或已仙。相見歐陽方夜讀，鐙昏雨細校愁邊。」

虛堂有女甥衛氏冰壺玉，少育於張。字里中趙氏子，未嫁，趙卒，其家焚所御衣，煙達女所，女偵知之，詭云就浴，自經死。事在道光庚寅六月初十日也。虛堂爲之請表其閒，復徵詩詠歌之。茲録青浦何韋人其偉《哀辭》云：「衛全女，曰冰壺。本望族，梅堰居。年十八，字趙家叶。越二載，趙病殂。女偵知，容無忏，潛自經，以殉夫。歲庚寅，六月初。有行實，其舅書。云女甥，母蚤亡。偕小妹，育於吾。喻大義，孝母烏。性軒朗，無煩紆。精女紅，巧特殊。能代庖，治園蔬。客談詩，心忻愉。隔屏聽，知規模。論氣節，默歎歔。夫與舅，同里閭。命終日，焚禪襦。煙焰臭，達女廬。嫗漏言，意漠如。待嚮夕，寢室虚。索湯浴，扃戶樞。覺而救，瞑勿蘇。告于趙，驚翁姑。具禮迎，神主俱。雙棺並，厝牛圩。事駭聞，喧街衢。孰媲美，姚氏妹。家分湖，身許徐。徐暴亡，隨捐軀。先一載事在己丑孟冬，余亦有詩，若相符。具區秀，閨閫儲。著奇節，綱常扶。婚未成，矢不渝。脱既嫁，忍貳乎。女名玉，比瑾瑜。舅氏張虚堂，稱通儒。語皆真，非虚譽。」

韋人，一字書田，著有《竹簳山人集》。山人世業岐扁，獨造精詣，活人甚多。集中有論醫四首，示及門諸子。茲録其一首云：「治病與作文，其道本一貫。病者文之題，切脈腠理現。見到無游移，方成貴果斷。某經宜某藥，一絲不可亂。心靈手乃敏，法熟用益便。隨證有新獲，豈爲證所難。不見古文家，萬篇局萬變。」其他小詩亦佳。《過王蒓浦新齋賞菊》云：「書屋清幽絶點埃，芬芳卉木手新栽。朝來沽酒招吟侣，昨夜黄花數本開。」《連日得鱸魚》云：「人家最好住吴淞，日日銀鱸野膳充。若到倦游憶鄉味，不知已負幾秋風。」

虚堂同里邵君稼甫嘉穀，故友周叔斗丈詩弟子，嘗修葺元真子祠，叔斗爲之記，著有《靈石山房集》。録其《焚香》云：「春院紗幮設，焚香默坐禪。窗前縈作字，爐頂淨生煙。似有微雲起，能將俗慮蠲。琴弦時自撫，飄渺有情天。」《小九華燒香詞》云：「十里鶯湖古刹開，紛紛士女竭誠來。畫眉橋畔香船泊，一杵鐘聲隔岸催。筏篷小肆列西東，岸闊長篙招手工。香燭紙錢生計小，千呼萬喚作牢籠。碧玉年華巧樣妝，相隨阿母到雲堂。清香一炷輕輕禱，浪蝶遊蜂撲滿旁。逐隊肩摩擠不開，兩旁玩物競成堆。解囊已了心頭願，尚有餘錢買一回。」小九華，在鶯脰湖畔，與平波臺相望，香市極盛。

近時閨閣之能詩、古文詞者，首數湖州汪太夫人趙氏儀姞棻。夫人爲上海趙謙士侍郎秉沖之女，適汪西山鹺尹延澤，謝城上舍日楨其長子也。夫人著有《濾月軒正續集》、《文集》、《詩餘》及《南宋宮閨雜詠》。昨，謝城見寄新刻本，因得盡讀，學有淵源，才無粉飾，求之並世，實罕其儷。録其小詩《讀淮陰侯傳》云：「獵獵英風大將臺，當年一飯劇堪哀。淮陰不少豪華客，誰及蛾眉解愛才。」《春暮》云：「紗窗未啟曙光紅，半捲湘簾怯曉風。病起不知春已暮，落花飛絮滿庭中。」《車中作》云：「亂石崎嶇路百盤，五更風雨客衣單。追思小閣薰香坐，猶掩紅窗護曉寒。」《棠棣》云：「小朵蟬聯簇絳霞，詩歌韡鄂漫興嗟。莫教一旦風吹散，輪與籬邊姊妹花。」《書感》云：「如環愁緒總無端，儉歲持家事事難。斗米直須錢五百，相逢不敢勸加餐。」

《濾月軒集》中有《題月冷峯青圖》，其序略云：「從姪維嘉，有妾李二姊，京師人。維嘉以府經歷分發廣西，道出漢陽，病卒。二姐吞金以殉，年僅十九。族姪光弼遷其櫬，歸厝宗祠側，爲作此圖。」詩云：「亂峰銜冷月，淒絕暮汀前。屬纊江南客，收帆漢北船。盛年傷玉折，壹志勝金堅。想見從容際，丹青莫可傳。」其一。「吾祖殉王事，傳家有素風。餘慶三世後，大節一門中。巾幗能知義，泉臺倍慰忠四川有慰忠祠，祀金川殉節諸公，先祖與焉。先塋歸骨晚，今幸九京同。」事備輶軒，詩輝彤史，俱可傳也。

乍浦邱絳仙杏，吾友盛君雲泉垌淑配也。曇花偶現，蘭玉早凋。著有《紅餘小課》，濾月老人序之。録其《七夕》云：「娟娟風露夜將殘，新月如鉤掛曲欄。姊妹穿鍼樓上聚，也同牛女別離難。」《冬閨》云：「蕭蕭飛雪撲窗紗，冷透重幃逼歲華。爲待春風消息到，一簾香影詠梅花。」沈浪仙嘗選其詩入《龍湫嗣音》、《乍浦集詠》等集。

華亭丁步洲瀛，隱於市，嗜吟詠，喜賓客，嘗與同人結社，名葺城。近課每過禾，必迂道見訪。談藝愜甚，數年來郵詩往還，積有篇什，因録其《詠塔影》云：「迷離野寺聳玲瓏，今古常看四照空。法相高參雲以外，禪心圓印月當中。一枝瑞暎琉璃碧，萬戶光分璀璨紅。遥聽金鈴鳴畫角，夕陽次第下花宮。」《秋日偶步》云：「無聊結伴此閒遊，頓使胸襟氣爽秋。廢苑祇餘煙漠漠，野塍空見黍油油。僧歸古寺三叉路，鐘打斜陽一覽樓。獨立小樓尋勝景，青青九點遠山浮。」又有《悼亡姬》四首，録其斷句，如：「有淚星星含獨枕，無言黯黯對孤檠。」「瓣香曾拜蓮花座，甘露分沾楊柳枝。」「最惜蠶眠還吐繭，劇憐鳳小尚栖桐。」「藥爐茶鼎分明在，愁見安排綉閣中。」殊淒絶也。

松江武生頗永剛，字健壇。平日以忠勇自許，兼能詩。其斷句云：「想是孤鴻尋舊侶，今宵相遇月明中。」妻瞿氏，亦有才識。壬寅吴淞之變，頗隸上海兵籍，夫婦以帶自相纏縛，投泮池殉焉。旁人拯之，頗死妻猶生，送至松城，卒以不食死。吾友華亭張篠峰鴻卓有《哀詞》云：「滬瀆城上風蕭蕭，壯士拔劍青天高。泮不獻馘誓不返，功雖未成氣足豪。朝來大殺賊，壓陣愁雲黑。礮聲動地飛霹靂，隻手狂瀾迴不得。吴淞失，滬城存，攖城固守不顧身。滬城失，文廟存，北面拜闕泮水淪。臣忝膠庠盡臣分，一死何足酬君恩。身不敢私況妻子，三尺寒泉請同死。巾幗不辱況鬚眉，紛紛那識逃者誰。鐵石心腸松柏節，忠憤同此一腔血。即今姓氏漸磨滅，精誠萬古貫天日。」於戲庠訓爲射教澤長，弟子行中，乃有此英烈。

安徽武進士劉國標，曾任兵部差官，緣事落職，從陳忠愍效力吳淞口。忠愍倚爲指臂，三年如一日。壬寅五月之戰，忠愍身先士卒，劉實左右之。時飛礮轟天，鉛丸如雨下，忠愍被創垂斃，劉負匿蘆荻中。忠愍卒，賴劉以歸其骨，以再生於蘆中，自號再蘆。者制軍入奏復其職，留松以守備用。篠峰贈以詩云：「陳將軍，奇男子，將軍腹心劉進士。劉竟生，陳竟死，陳死報國恩，劉生報知己。吳淞江口戰血紫，蕭蕭蘆荻悲風起。一死一生兩人耳，萬里君門，臣心如水。報知己，昭國體，屈不撓，伸不喜，奇男子，劉進士。」

篠峯近摘諸故友斷句見示，云：「此數君者，人歸碧落，詩賸吉光，有志發微，未嫌累牘。」金壇于桐岡鳳陽著有《桐花軒詩》，篠峰爲之付梓。録其《金山寺》云：「人爭高浪立，山借別洲看。」《夜歸》云：「荒星斷古木，斜月睨行人。」《隋宮》云：

「辛苦美人多作客，聰明天子本無家。」《春夜》云：「隔水月依芳草遠，入簾花共美人寒。」江陰繆少微徵甲，著有《存希閣詩》，《秋興》云：「路難咫尺遥千里，親在虀鹽值萬金。」《寄王兩峰》云：「狂瀾東海迴何日，芳草西湖憶去年。」其室人劉佩萱女史蔭，著有《夢蟾樓詩》。《赤壁》云：「運先西晉成三國，天遣東風護二喬。」《西施》云：「爲問捧心因甚事，舊君嘗膽妾承歡。」《柳如是》云：「青眼從今開不得，悔將春思問榆錢。」金山姚古然前樞《江行》云：「人如沙鳥沿江宿，山似寒駒帶雪奔。」華亭李蘭田光烈《詠雪》云：「輕黏竹葉新生粉，偶借梅花便破春。」松江李樵峯謹曾《西湖》云：「功名于岳墓，煙景白蘇隄。」樵峰以孝廉任無錫校官，詩稿甚富，殁後散失，僅此二句。

歸安戴銅士丈銘金，知予有《瑣話》之輯，寄其亡友張韻梅樹鵠詩來，屬採一二，以存其人。録其《題沈雪民本事詩後》云：「若溪一水靜無波，雙槳曾經幾度過。六曲闌干倚秋月，鴛鴦飛出採蓮歌。亞之才比牧之清，也負人間薄倖名。今夜小婁山下路，蘋風新振佩環聲。」

烏程蔣海珊堂，藏有徐俟齋先生墨蹟。予見之於玉楮山房，始知其名。因通魚雁，蒙以家刻施註《元遺山集》見貽，並示舊作。録其《花朝同人集飛英塔院，餞張同莊明府閩行，用趙松雪韻》云：「城北浮圖標勝地，芳時載酒客同過。維摩室淨飛花少，名士襟分折柳多。萬頃湖光遙掩映，四圍山色盡包羅。問天自有驚人句，試鬥清吟擘衍波。」《自題貪看梅花過野橋圖》云：「玉魂冰魄品自奇，孤山處士費吟思。慚予風骨修難到，聊倩丹青繪一枝。芒鞵到處被勾留，雲自無心水自流。祇爲南枝春色早，滿身香雪立溪頭。水邊籬落幾枝横，驢背駝香得得行。回首谿橋人漸遠，霜枝雪影不分明。」施先生名國祈，號北研，亦烏程人。

郭頻伽丈嘗選輯《誠齋詩集》，丹叔手録一過。《靈芬山礬集》中頗自矜賞。徐山民待詔刻之。今年始從趙靜香丈乞得一部，並索山民遺詩，不得，甚悵悵。頃於味梅處得鈔本數十葉，亦足見一斑。山民親炙隨園，不染其派，最爲有識。録其《〈誠齋集〉付梓將竣，過毘陵謁趙雲菘觀察求序不值，舟中題〈甌北集〉後》云：「未瞻公面得公詩，何異親承玉麈時。古語何妨隨手拾，坡仙可奈繫人思。藥方不死都經驗，刪罷長吟只自知。旗鼓只今誰可敵，倉山縹緲鶴歸遲。范陸蘇楊世並傳，誠齋何獨佚遺編。宣揚定自廣長舌，淹久如傷遲暮年。弁首文誰能下筆，當今公不愧先賢。校讐豈少烏焉誤，可惜猶慳問字緣。」

平湖朱雪筠雷，草亭丈從子，工寫花卉，生香活色，得甌香真趣。詩不多作，時有雋句。著有《愈愚廬詩草》。録其《題吳聽濤先生詩卷》云：「廣陵調絶復誰彈，白雪詞高屬和難。一片古琴樓外月，年年清影照欄杆。」《七夕》云：「瓜果筵開月色微，蓬門此夕恨依依。年年乞得天孫巧，却與他人作嫁衣。」其它斷句，《螢火》云：「小院月明蛩語亂，破籬雨歇豆花肥。」《夕陽》云：「半晌晴光牛背淡，一鞭秋色馬蹄驕。」《秋蝶》云：「半生蹤蹟花間過，幾許風情夢裏非。」俱佳。

曦伯寄示李潤芝菖《聽泉遺詩》一册，云是里中前輩之作，名不甚著，屬採數語，以闡幽隱。録其《靈巖弔館娃宫遺址》云：「舞榭歌臺對夕曛，春風花草舊羅裙。英雄兒女皆黄土，百八鐘聲打白雲。」《雁湖消夏詞》云：「好雨初晴小閣幽，遠村樹樹碧如秋。海雲橋畔微風起，一片涼陰幾點鷗。」潤芝與薛鹵齋善，乾隆間人。

同里嚴伯年人壽，居回谿草堂，錢擇石宗伯讀書處。宗伯少時，嘗與王穀原、萬柘坡數君時作詩會，互刻集中。伯年亦嘗與吾黨諸子結鴛水聯吟社。雖時代不同，顯晦異致，要其揚扢風騷，未殊今昔也。伯年著有《讀易堂初稿》。録其五律《新坊》云：

「扁舟駕一葉，破曉入新坊。殘月挂疏柳，炊煙起野塘。人喧晨市集，風順片帆張。問訊前村路，橋南長水長。」七絶《新秋》云：「徑僻門閒少客來，連宵風雨長莓苔。新涼惻惻迎秋至，墻角海棠花已開。」

嘉興徐愛廬丈楨，年已六十餘，平生侃直不阿，喜爲人排難解紛，里閭稱長者。然每于花前酒邊，必述粤游時過藍姬一事，猶欷嘘不置。今年始出其所爲《珠江紀别小序》見示。其畧云：翠姬者藍姓，少失父母，年十四，叔某鬻於勾欄，李媪爲假女，故冒姓李。性嫻雅，好淡妝，喜獨居一室，落落寡諧，人亦罕過而問者。戊午春，隨假父買舟江右，寓滕王閣畔，效文君故事，設小桃園酒肆。有李刺史之弟某，性豪放，青樓中足跡幾徧，恨未遇國色，見姬傾心焉，願量珠爲聘，時假父居奇貨，不允，從此艷名益著。居無何，某公廉訪江右，禁令甚嚴，姬名重，無處避匿，後隨假父奔粤東，居清水里，姬色方盛，遊已倦矣。辛酉秋，予棘闈被放，隨宦羊城，聞姬名，偕友往訪，時姬晚妝初罷，對鏡凝思，淡抹素妝，不啻神仙中人，姬工琵琶，爲余曲，盡其妙，余亦流連忘返。一夕，姬玉容慘淡，粉淚盈盈，若有欲言者。余怪問之。姬曰，妾墮落風塵，於今數載，久思脱離苦海，奈物色無當意者，君氣宇磊落，性情和雅，盤桓半月不及于亂，是才子而英雄也。倘得長事君子，平生之願，足矣。言已泫然。余亦首肯。惟假父所望甚奢，急切而不能措置。請以春風爲約，勸慰再四而罷。將離之夕，姬設宴餞別，酒半唱《長亭》一曲以志別，音繁節促，凄切動人，酒闌月上，舟子促客解維，不得已含淚而別。余題以兩絶句云：「一場影事卌年過，猶聽尊前説翠娥。老淚至今揮欲漬，當時別淚又如何。」「底須更唱負情儂，碧海青天夢不通。紅粉飄零名士老，月斜樓角一聲鐘。」

壬寅仲冬，訪汪一江丈於梅里，次日同遊曝書亭。歸謁李香子丈富孫於校經廎，年七十九，龍踵已甚，見客至，猶喜動顔色，後以詩寄贈，蒙見酬二律，云：「忽枉高軒過，傾心倒屣迎。才華歸大雅，詞賦尚西京。鴛水多佳咏，騷壇迭主盟君近刻《鴛水聯吟集》。詩編傳遠近，麗則早齊名。」「言尋名勝處，咫尺水雲閒。仰企亭空補是日君先遊曝書亭，徘徊屐自閑。攜筇穿竹隝，聯蘂叩柴關。此日開三徑，苔岑契不慳。」丈著撰甚富，《鶴徵前後録》及《曝書亭詞註》尤風行。

徐鈍庵丈世鋼，一號鈍頭陀，居里中石檻衖，畫有奇致，寸縑尺幅，人爭重之，著有《通介堂稿》，刻於客中，故鄉里絶尠藏本，覓數年不可得。今年晤其文孫壽莊，知其版尚完好，因借印數十本，以贈交好，亦雅有闡幽之意。因録其斷句，五言《琵琶亭夜泊》云：「四弦虛夜月，一葉冷江汀。」《枚皋宅》云：「三間欹古屋，一去老征車。」《廢宅》云：「款門無客到，拜月有狐來。」七言《憶梅》云：「淡月寒窗虛瘦影，孤燈紙帳奈長宵。」《重九小集》云：「文章月旦誰青眼，風雨天涯半白頭。」《題晚晴軒集後》云：「父書能讀丁辛屋，客袂嘗聯癸丑年。」《牽牛花》云：「風尖月瘦吟秋早，雨過天青借色難。皆戛戛獨造。」

鈍老集中有二題甚佳，一爲《李香君桃花扇》云：「不逐楊花漾水濱，鵑紅滴滴帶愁顰。風前半面懷公子，洞口橫枝隔外人。莫爲輕紈傷薄命，自來有骨障飛塵。春光三月門相映，誰向秦淮重問津。」一爲《王孟津燕子箋録本》云：「筆走春蠶録萬言，麻姑嚮搨繼平原。乞花嫵媚簪花格，南苑笙簫北苑猿。補衮調羹虛相業，引商刻羽付梨園。千金可易歸諸阮，世守當年犢鼻裩。」自註：「扇爲商邱宋氏所藏，曲本爲陳浦雲秀才所藏。」

然青近刻其師張晴鶴明經翀遺稿，屬爲題句，因得寓目一過，録其《曹種水招飲》云：「晨起得君札，相招未許辭。莫教桑落酒，孤負菊花期。黃雀肥堪鮓，霜螯健可持。

夫君有佳興，握手慰想思。」集中有《贈吳澹川詩》，蓋亦深於此事者微。然青表章之，則終墮於蛛絲蠹粉中矣。

李牖心丈樸，善治瓢，或磨作鉢，或碎作桃實、蓮瓣諸形，四周鏤刻銘語，極爲精玩。巢端明匏尊外又一傳器也。李丈作詩亦勤，身後俱散佚。郭止亭處藏其零牋數十葉，非其至者，姑就其中録五律一首云：「偶然乘野興，日暮叩柴扉。地僻僧房靜，林深夕照微。風前聽梵唄，方寸息塵機。坐久談無厭，相期踏月歸。」題爲《精嚴寺小憩》。

同里張子眉生，少從余受句讀，初辨四聲便喜爲詩。嘗詠春柳有「細雨黯春城」句，予甚賞之。時方授經，不勸其力爲也。旋遭孤露，未竟其業。年來頗嗜碑版，行楷、隸書俱入古。詩亦清婉可誦。録其《吳門歸舟雜興》云：「孤舟遙夜未成眠，前浦漁歌斷復連。知是楓橋塘下過，寒山鐘送枕函邊。夕陽西下照金波，真是舟行勝畫圖。貪看五湖山色好，布帆翻怪順風多。銀魚出水玉絲絲，吹雪河豚味更奇。典却春衣沽美酒，篷窗消受晚涼時。平波臺外月如銀，此地停舟幾度經。今夜垂虹橋下泊，玉簫何處喚人聽。」《獨遊金沙港延青水榭作》云：「天香飄盡暮秋時，獵獵寒風響竹枝。獨立斜陽人不到，壞廊閒讀舊題詩。傍水雕闌迹未陳，驚鴻何處記前因。緑波依舊明於鏡，愁絶當年照影人。」眉生近抱瘵疾，平子愁多，仲宣體弱，時復憂之。

向讀濾月老人集，有《謝計蕋仙珠儀贈所畫紈扇》一詞，甚佳。初不知蕋仙何人。昨吾友曦伯書來，爲言有愛女之悼。女即蕋仙也。適同里陶君梅若從子稚松震元，嫁甫四載，年僅二十有六。曦伯傷其早逝，莫慰悲懷，以所手寫小詩二冊，屬爲摭採冊中墨瀋尚新，最後一首，書未及半而止，亦可哀已。蕋仙又工寫生，冊中多題畫之什。《豆籬促織》云：「翠影朦朧月照棚，夜涼如水早秋驚。心疑鄰婦機中織，蟲語何來學此聲。」《梅花雙鵲》云：「喳喳聲似昨晴天，雪蕋枝頭曉色妍。似向簷前雙報喜，梅花未謝月將圓。」《七夕詞》云：「靈鵲銀河未見填，空教瓜果供樓前。倚闌只望纖纖月，何處金盆搗鳳仙。」《題芙蓉翠羽便面》云：「芙蓉燦燦帶霜開，幾處芳叢錦作堆。秋老陂塘水清淺，窺魚飛下翠禽來。」《新秋即事》云：「小院無愁殘暑侵，有時閒步到槐陰。緑窗刺罷花閒蝶，綉閣眠餘月下琴。薄薄晚涼微雨過，聲聲蟬噪夕陽沉。徘徊立盡西風裏，一葉梧桐仔細尋。」《九日，長虹橋晚眺，同遂生治甫弟作》云：「菊花才放插盈頭，隨例登高作近游。遠樹微茫楓葉醉，野塘蕭瑟荻花稠。村前漠漠煙初起，橋下粼粼水自流。

聞道海隅兵未靖，一枝占驛重防秋。」

梅堰有二詩僧，一笑溪文峰，著有《如山居未悟編》，化後陶梅若司馬刻之。一月樵達塵，著有《一指窩詩録》，月公老病，思得身前見其稿本，近王研農徵士爲之鳩付剞劂，未及竣而月公示寂矣。録其《到庵》云：「才拂蛛絲更剔苔，埽除荒逕竹籬開。詰朝定有詩人到，先把風爐試一回。」殊清絶也。笑溪詩《秋葵》云：「離披翠葉畫秋光，獨對西風吐嫩黄。此是老僧真面目，一庭清瘦立斜陽。」亦佳。

卷七

秀水　于源　辛伯

錢葎石宗伯詩，沉厚博大，不假雕飾，不知者每以率易目之。黄霽青師言，嘉善東門外有劉子端者，剞劂老手也。《葎石齋集》是其寫刻，親見手稿改易甚多，行間字裏，旁行斜注，幾有不可認識者。劉嘗爲退庵封翁述之如此。霽師有詩云：「率意精心論不同，憑何辛苦證詩翁。晚年手稿多塗乙，須問當時老剞工。」

震澤王硯農徵君之佐，道光癸未嘗助賑水災，刻有《繪水集》。得岳忠武玉印，顔其齋曰「寶印」，刻有《寶印集》。近又得瞿忠滑行軍印、徐俟齋先生著書硯、柳蘼蕪青田石書鎮，徧徵題詠。性喜遊，駕一葉舟往來吳越間，一時知名之士，俱樂與訂縞紵，邇時好古而兼好事者，徵君當首屈一指，著有《種竹山房詩草》。録其《歸家》云：「悠然山水結清緣，日坐舟輿俯仰寬。自笑歸家忙未了，新詩親送故人看。」真實録也。

徵君令弟臺叔棠，詩尤清妙，與余僅兩面，而書札往來無慮數十通，惜年未五十卒。重檢篋笥，每爲黯然。近始讀其《蕉雪庵全稿》，録其七言斷句，《雨窗》云：「新竹欹如狂醉客，壞墻漏學草書痕。」《秋荷》云：「蓬飛絶浦清歌咽，月墮空房舊夢牽。」《結草庵》云：「藤花三寸積階厚，湖水一條環屋深。」《秋夕寫懷》云：「秋從潘岳愁邊到，酒在維摩病後除。」《芭蕉》云：「曲院有人殊悄悄，疏簾無雨亦沉沉。」《山行》云：「古墓無人飛鬼蝶，荒郊有社集神鴉。」《病感》云：「行散最宜雙不惜，觀空好在百無能。」《題蘐伯悼亡詩後》云：「紡磚空墮中宵月，薤屋寒栖獨旦人。」七絶《玉簪》云：「仙葩開向碧闌干，大葉離離露未乾。憶否閒房涼似水，一枝斜嚲藕絲冠。」《槿花》云：「纖枝斜壓水雲灣，晨露瀼瀼濕粉顔。聊與姬姜助膏沐，碧梧窗下洗煙鬟。」槿樹葉，閨中用以洗頭，可補夏日閨詞之遺。

近日聞湖陶氏一門俱工畫，梅石、錐庵兩君名最著。梅石家田上，錐庵居近鎮，分係疏族，終歲不數覯面。錐庵屢言之，不欲附爲南北阮也。錐庵名淇，著有《忠孝堂詩集》，録其《北窗消夏圖》云：「笛簟初親六尺牀，能抛車馬臥江鄉。梧桐祇要無多雨，已足書窗一夜涼。」《無量寺旅夜》云：「衣薄生棱中酒天，終宵憶弟未成眠。闌干憑徧無人共，袖手空廊看月圓。」

計改亭先生《弔謝茂秦墓詩》云：「自是貴遊無遠識，布衣未必歎飄蓬。」蓋王、李始推茂秦爲盟長，後稱眇山人以黜之，交誼不終，殊可浩歎。歸愚詩云：「眇目山人足性靈，詩盟寒後苦飄零。後來誰弔荒墳者，只有吴江計改亭。」改亭墓在爛溪，祭埽久闕，吾友曦伯常偕同人酹酒墓下。復搜其遺集，後又得《天尺樓紀年草》一卷，世少傳本，皆戊子一年之詩，時順治五年，先生方二十五歲，居憂服闋時所作。先生又精醫理，他書不載，僅見此集。古荻子序，中集有擬五言，詠乃殷伯夷、漢諸葛亮、焦光，晉陶潛，宋鄭思肖也。後先生定全集時，此集詩俱不録入，豈晦其少作耶。

聞湖，俗名王江涇，土産綢綾，機聲燈影近連，比户鵠紋柹蒂，廣售四方，其地半屬秀州，半屬吴江。昨曦伯寄示李君耘庵王猷《菰煙蘆雪集》。耘庵，籍吴江，雖心折長蘆，要亦不薄垂虹。今録其《嫁女詞》云：「室中有五女，如雁聚作團。長者遺嫁去，衆雛涕汍瀾。結縭切切語，綵輿在門端。所嗟家計薄，荆布猶未完。」其一。「一年復一年，兒女參差長。常苦衣食艱，愁涉婚嫁想。懿彼青松枝，宛轉女蘿上。永夜寄相思，蘭鐙曖羅幌。」其二。《答樊甥菖候見寄》云：「吾甥磊落才，年少力探古。哦詩三百篇，鏤刻協規矩。愛弟聯蘇牀，奉母效萊舞。往年粵東遊，巾帽犯塵土。淒淒窮鳥吟，風雪誰憐汝。弦桐時挂壁，文字不堪煮。春從湖上來，握手談肺腑。境窮詩乃工，心夷氣不沮。予亦畔牢愁，鬢絲添幾縷。」其他五言句，《訪友不值》云：「煙水無多屋，雞豚自一邨。」《小飲》云：「竹洗一庭俗，橙槎滿手香。」《懷莊曉霞》云：「酒同知己醉，花當美人扶。」《紡燈》云：「花含貧女淚，光映小家扉。」七言《弔周瑜墓》云：「千秋我願交公瑾，一世雄猶歎仲謀。」《鹿城旅感》云：「一城春正梅花落，二月人隨燕子來。」《自遣》云：「狂態偶留緣被酒，名心未淨尚爭棋。」《除夕》云：「守歲燭花寒亦艷，祭詩酒脯薄逾甘。」《題勺水集》云：「未老情緣因病減，早衰詩鬢爲愁斑。」《同春浦小集》云：「往日鶯花仍鄠杜，十年賓客減應劉。」《與二田論詩》云：「力探古似水穿石，多讀書如木養根。」《菜花》云：「綠楊村外暖風度，白水田頭斜日明。」七絶《花神廟》云：「管領湖山百種花，長紅落盡樹啼鴉。東風作意莓苔綠，暮雨春窗闇畫紗。」《霞心庵題壁》云：「眼穿木末最高峯，犖确坡頭少客蹤。一派濤聲寒籟起，晚風涼戰九株松。」

耘庵又從曦伯寄示家集六種，一其伯父《聽泉詩》，已録入前卷矣。一其尊人畊亭先生景昌所著，名《琴溪老人集》，《松陵舟次》云：「垂虹亭畔水雲流，來往沙灘有釣舟。颯颯菰蘆風不定，江城五月已如秋。」《觀插秧》云：「前宵雨過亂蛙聲，負杖溪邊看出耕。一派秧田新水活，夕陽人背緑痕平。」一其季父鳳書先生福昌，著有《伴梧詩存》，《咏燕》云：「枝頭好鳥語頻頻，二月江南杏雨新。怪爾來時春去半，玉樓望斷捲簾人。」一其弟品佳王偉，著有《怡園詩草》，《病起》云：「藥煙容與伴秋光，葉脱霜華三徑荒。最是消魂倚欄處，竛竮瘦影立斜陽。」一其妹瑤華女史持玉，著有《緑窗草》，《病中作》云：「連旬臥病怯輕寒，簾外花飛春又殘。畧記荼蘼開似雪，曉妝無力倚欄看。」又《病中遺懷》句云：「塵封妝鏡昏於月，瘦到黄花不似秋。」一其從子質夫達康，有《雛音》一卷，《咏合德》云：「薄眉卷鬘鬬新妝，姊妹承恩寵最長。猶勝楊家秦與虢，不教烽火見咸陽。」品佳、瑤華、質夫俱早卒。

曦伯又寄示同里周樂泉明經坤《勺水集》，黄霽青師曾採其詩入《詩娱室詩話》。樂泉嘗作客漢陽，三湘九疑，美人香草，托之吟詠，彌助騷雅。玆於《詩娱》所選外，録其《冷泉亭》云：「孤亭山四圍，嵐翠撲衣冷。涓涓亭下泉，中涵亭上影。攀蘿踏寒澗，烹茶汲短綆。明月寺僧歸，晚鐘時一打。」《送炳如弟之漢上》云：「不忍歸期問隔年，迢迢漢水接長天。茅堂此夜宜沉醉，莫帶離愁上客船。」《同炳如弟舟發邗江》云：「屋山乾鵲噪新晴，兄弟相攜一棹行。預想平山堂下路，雨絲風片做清明。」《曦伯招賞芍藥》云：「杯傳婪尾惜芳辰，冶態狂香入眼新。客醉如泥花莫笑，三年不見故園春。」他句，五言《抵家》云：「桑麻青入眼，兒女笑迎門。」《春暮》云：「新篁千个坼，雛燕一巢安。」《寒夜》云：「雪聲敲竹戶，燈影淡書帷。」七言《客中》云：「三湘漂泊身如寄，百事蹉跎鬢已蒼。」《和金浦兄四十述懷》云：「半世孏如稽叔夜，幾分顛似米元章。」《示鈞兒》云：「少日詩書宜努力，他時菽水亦承歡。」《哭姚竹閒》云：「人說武公生有集，我憐伯道死無兒。」《生日遣懷》云：「梅花壽我先春放，椒酒醺人隔戶香。」樂泉有女金英，既嫁而亡，集中附録其《送父之漢上》一聯，云：「惜別牽衣同小妹，問歸含淚傍慈親。」亦佳。

嘉興闕織亭孝廉鳴珂，工詩擅畫，館聞湖陶氏緑蕉山館最久，與梅若倡和極多。惜年四十餘卒，無子。才人之厄，於君爲酷，吾黨惜之。梅若輯其遺詩，爲《碧筠伯館集》，録其五言斷句：《暑夕聽雨》云：「雨窗秋早至，客枕夢先涼。」《贈梅若》云：「秋情雙鬢共，詩夢一燈知。」《秋夜》云：「菊香團一室，風意靜孤燈。」七言《都中春感》云：「詩酒情懷仍故我，鶯花時節又他鄉。」《題六如集》云：「春雨桃花香滿隝，秋風桂子夢如塵。」《雜感》云：「文章花樣無憑據，落拓襟懷任毀譽。」《寓齋分賦》云：「無花有酒忘春暮，以客爲家到處便。」七絶《舟中偶成》云：「隱隱漁燈露淺沙，網魚人去夕陽斜。水禽如雪冷無語，立傍幾枝紅蓼花。」《聞溪道中》云：「水風淅淅冷吟蓬，夜色蒼茫障碧空。忽聽前溪有人語，一燈紅出敗蘆中。」

作蠶詞者多矣，然必有爲而作，彌見沉着。近湘石寄示同邑周嘯湄光熊遺詩十三紙，中有《戊戌蠶詞》四首，甚佳，蓋雨中作也。詩云：「年年養蠶忙煞儂，今年養蠶愁煞儂。大雨十日桑葉爛，不見桑陰處處濃。」「癡雲一片壓屋低，陌頭滑滑三尺泥。樹頭戴勝聲寂寂，但聽鵓鴣連陣啼。」「十二小姑愁不識，攜筐踏歌茅屋邊。歸向阿娘偏細問，明朝可是第三眠。」「籬邊做絲花已開，不知何日繭成堆。女兒嫁衣且莫問，但恨郎無衣服裁。」

曦伯寄示鈔本《聞湖盛氏詩鈔》五卷。按康熙間，宜山居士結瓣香庵於南湖濱，匏仲秀才匏庵亦在附近，即創竹林吟社處也。居聞湖者，唯稼村、廣文耳。有聞湖採菱歌二十首。兹就五君中摘存數章，以見一斑。盛民譽，字來初，仕至桂陽令，著有《廬陽集》，《初至桂陽》云：「十室成孤邑，千山作宦遊。秋塵連蔀屋，瘴霧隱城樓。湯火憐新去，人煙聚未稠。但令民俗好，遑惜此淹留。」盛大鏞，字匏仲，著有《匏庵詩鈔》，《幽居》云：「老作朱陳邨裏農，門前多種水芙蓉。炊煙夜飯分漁火，擁被春眠聽曉鐘。榆莢錢難償酒負，槐根夢易失侯封。淨淘紅粒皆雲碓，未要梁鴻廡下舂。」《村居絶句》云：「貼地斜飛燕子輕，啣花相逐又相迎。朱樓自有營巢處，愛共閒人説晚晴。」盛楓，字黼宸，官安吉州學正，著有《鞠業集》，桑弢甫有序。《溪南柳》云：「永豐坊裏曲江邊，死别生離總黯然。爭似溪南三五樹，但知牽惹釣人船。」盛熙祚，字西京，仕至龍川令，著有《春草亭稿》，《洛陽懷古》云：「漢文猶令主，亦棄賈生才。宣室君王對，長沙逐客哀。治安千古策，絳灌一時猜。懷抱憐新進，何當痛哭來。賈生方挾策，卜式正爲農。爵並通侯貴，才真明主逢。漢廷輸粟相，上苑牧羝傭。出處原無定，乘時有鼎踵。」《暮抵河間》云：「煙冷城荒日暮中，春風又緑故王宮。十千試向罏頭醉，姹女誰家數最工。」盛禾，字稼邨，官天台學博，竹垞翁外甥也。著作較諸盛爲富，其孫畯搜輯得十餘卷，名《膏馥集》，《大悲寺》云：「雪印厓邊虎跡新，閒庭甃石自無塵。野僧開逕能延客，山鳥低飛不避人。」《人日》云：「千朵寒香酒一杯，遶枝凍雀去還來。門前剥啄休相惱，爲報先生正看梅。」竹林社，民譽、熙祚不與。又有盛時雍，字和叔；盛纁，字覲三。俱社中人。

《槐蔭草堂集》，聞湖王春浦士珠所著。春浦屢客湖潭，宗師騷怨早騰綺歲之名，不乏長者之譽。《靈芬詩話》中採其駢句甚多，予復愛其小詩。《迎曦齋漫興》云：「斜日穿簾客倚牀，酒人相對便稱殤。飛來野鳥不歸去，啼落殘紅入戶香。」《與錢竹泉小飲，時竹泉將之漢上》云：「榴花潑眼酒同酤，小酌當軒日未晡。再欲與君謀一醉，天涯清夢客窗孤。」《消夏詞》云：「棐几閒翻楚客詞，美人何處動相思。涼風吹緑硯池水，自寫幽蘭三兩枝。」《自題伴梅圖爲悼亡作》云：「瀟湘有客日思家，那更樓頭聽暮笳。候雁書來鴛夢斷，零風殘月伴梅花。幾回擕酒向江頭，極目關山動遠愁。曾憶新詩來雁足，梅花香裏望歸舟。」春浦亡室李夫人《寄外詩》有「寄語高堂人漸老，梅花香裏望歸舟」之句。

曦伯書來言，聞湖盛氏自宋已居此，今修紀堂，後圃垣墻猶宋時物，並以盛咏仙明經朝黼詩一冊寄示。明經工舉業，名最著，詩以真樸勝，所著名《得樹軒初稿》，《立夏日，宿沈氏棣鄂堂，有感亡婦》云：「去年立夏日，我病卿猶健。忽忽至今年，健者翻不見。那知長相思，不見特其面。扶倦倚東牀，棖觸神情變。壻在女何存，欲語淚先咽。子不共母來，嬉戲猶生戀。姻婭共一樽，愁深酒先厭。遙憶殯宮旁，缺月光無焰。」《送春詞》云：「春光明媚劇堪憐，相送今朝又一年。窗外落花渾似雨，有人孤坐夕陽天。」

以新茗置蓮蕋中，隔宿花開，取以供飲，芳味絶佳。周蓉裳丈《消夏詩》云：「曉光如水潑窗紗，的的苔紋泫露華。早起廬亭延佇久，等荷花放試新茶。」殊清絶也。蓉裳，名光緯，字孟昭，仁和籍，世居梨花里，爲夔堂宮傅文孫，望山水部令子，家有五畝園，饒水竹花木之勝。君配畹蘭夫人，亦工詩，閨房中自相倡和見於集中《竹韻樓詩》。嗣君少裳兆杰，近以《紅蕉館遺稿》見示，更録其斷句，五言《齋中夜坐》云：「涼飃蘇病骨，瘦菊淡孤燈。」《新秋》云：「梧飄前夜雨，雁界一繩秋。」《乍寒》云：「月挂簾鈎重，霜欺石齒稜。」《浮緑亭步月》云：「月寒秋在水，風急竹横枝。」《遊瞿氏園》云：「草薰闌檻碧，花暈管弦香。」《秋蝶》云：「繁華春一夢，風露菊雙臒。」七言，《哭惺齋兄》云：「高堂辛苦親嘗藥，弱女丁零送蓋棺。」《殘菊》云：「三徑霜花侵傲骨，一籬風色畫騷愁。」《詠燈》云：「羅帳薄篩千縷影，雨絲涼暈一窗寒。」《五畝園看殘雪》云：「淺汀殘照留漚鷺，小渚餘寒點荻蘆。」《紅蕉館即事》云：「遊屐此生知幾兩，新詩自享亦千金。」《竹韻樓即事和内》云：「架上詞翻姜白石，鏡中秋寫蔚藍天。」《品茶圖》云：「禪榻靜參色香味，冰甌閑品汝官哥。」亦佳。

畹蘭夫人，姓王氏名淑，吳江人，著有《竹韻樓稿》。録其五言佳句，《曉雨》云：「一夜聽梅雨，連番送麥秋。」《咏蟬》云：「秋心先蟋蟀，琴意誤螳螂。」《咏帕》云：「淺深花樣好，新舊淚痕多。」七言，《憶菊詩》云：「荒涼舊圃秋如此，寂寞清宵夢獨知。」《夏夕》云：「明月入懷搖綺扇，露華如雨溼桃笙。」《紅蕉館即事和外》云：「簾籠夜色波三折，月寫秋心病一腔。」《病起》云：「靜對名花如益友，閒吟詩句當醫方。」《除夕》云：「柏酒澆愁隨臘去，新詩祝病待春痊。」七絶《採蓮詞》云：「蓮花蓮葉滿池塘，不但花香水亦香。姊妹折時休盡折，留花幾朵護鴛鴦。」《寒夜口占》云：「坐瘦銀釭漏已殘，娟娟霜月上闌干。擁爐自覺猶難耐，笑問梅花寒不寒。」夫人又工倚聲，録其《春日病起》云：「澹澹斜陽新雨霽。緑遍苔痕，小院門深閉。窈窕紅闌人獨倚，桃花簾外東風細。瀟灑文窗初病起，杜宇枝頭，又喚春歸矣。碧海迢迢無限意，新愁捲入芭蕉裏。」調倚《蝶戀花》。

寒雨連旬，重陰濃暝。有躡屐款門而至者，則雲間雷約軒葆廉、宛邱張次柳凱也。約軒交近十年。次柳爲白也太守應雲長君，少年媚古，嘗刻《蘇米齋蘭亭考》、《翁宜泉三十漢瓦軒詩鈔》行世，著有《蘭苕館詩集》。見贈云：「偶向南湖艤畫船，袖詩特地訪詩仙。深杯浮緑傾家釀，小閣題紅擘彩箋。風雨最難招俊侶，朋交多半入新編。雪中隱約留鴻爪，聊訂三生翰墨緣。」

白也太守刻有《新柳倡和詩》。其原倡云：「翩翩騎省侍宮庭，解賦長楊正妙齡。一語黄金傳李白，幾時翠縷易樵青。東風出塞聞羌笛，曉月屯田感客星。乍向永豐坊裏見，萬紅如睡未曾醒。楊枝乍見易魂消，況對草臺路一條。陌上玉驄分手地，天涯芳草畫眉橋。桃花作浪鶯鶯滑，縠雨如絲燕燕嬌。陶令東臯方荷鍤，莫教輕折舊時腰。」和韻星字最難。叶如徐筱漣云：「微開倦眼却星星。」萬秋夜云：「命與香山作小星。」俱精穩。

約軒嘗作《陳蓮峯軍門殉難紀略》，慷慨論事，遠近壯之。年來喜作近遊，足跡所至，不乏延攬，凡三吳知名之士俱訂縞紵，或至歲暮，不歸人笑之不顧也。霽青師題其《除夕孤山探梅圖》，有「妻孥悵望不歸去，且過山中快活年」之句。約軒詩甚富，茲於壁間，録其舊作《重過鴛湖》云：「細雨微濛夜漏長，春風拂拂送輕航。擁衾一路人無寐，爆竹聲中到射襄。槜李重來景不殊，樓臺煙雨尚模糊。推篷試向湖中望，可有鴛鴦識我無。」

城西殷雲樓樹柏，工書，善寫花石，俱入逸品。著有《一多廬吟草》。丈歿後，索其遺稿不得。頃於曦伯《二田齋圖》中見有題詞二律，劇佳，亟録於此，云：「玉瓚金題愜卧遊，平生詩友是前修。區區賸墨因人重，耿耿精芒歷劫留。畫隱三吳尊此老，毗陵六逸拔其尤。南能北秀衣珠在，異代相望四百秋。」「白雲白石互周旋，簾閣心香裊篆煙。名跡遍搜三十載，膏腴如買一雙田。前身賈島詩成佛，後世桓譚蠹亦仙。有約晴窗來讀畫，乞靈同拜兩高賢。」二田，謂石田、南田也。余亦有詩，存集中。

芸士誦其尊人履旋丈《詠早螢》句「有形依腐草，無力點疏簾」。殊工。履旋，本姓吳，名張華，派出徽之休邑，與吾鄉澹川先生族也，芸士屢言之。

盛澤宋惺甫恭敬，原籍桐鄉，曦伯從甥也。甫晬而孤，迨入塾，師金宜叔茂才作霖，工書。惺甫自幼即悟其筆法，十餘歲余能作擘窠大字，即似其師，喜吟詠，尤嗜填詞，《白石集》皆能背誦。故所居名「拜石齋」。又工畫梅，初無師承，意在冬心、叔美間。向曦伯貽余畫扇，其一面爲惺甫書，甚愛之。去年見曦伯所攜扇，又其所作小詞，亦頗有清空緜邈之致。日昨，曦伯書來，知於梅花笛裏已賦遊仙。爲之悽絶。兹録其《採桑詞》云：「緑愔愔裏布裙紅，初夏芳郊暖意融。貪看銜花雙蛺蝶，一梯閒倚短墻東。阿娘屬付早歸家，絲籠初盈日半斜。底事游蜂揮不盡，鬢邊簪得做絲花。」更録其《減字木蘭花》云：「棃庭過雨，簾影愔愔愁獨語。半榻茶煙，夢到瑤臺阿母邊。草香花暖，六曲瓊闌緑砌轉。玉兔初弦，正照文窗了鳥間。」《秋日小步慶壽庵卜孟碩先生讀書處・調寄高陽臺》云：「斷渚横舟，連畦植杖，依依幾室村農。古柳疏篁，茅庵曲徑微通。蓬門半掩無塵到，但歆牆露蕚凝紅。渺前蹤。野鶴孤飛，幾拄吟笻。摩挲不盡低徊意，悵文窗蛛網，篆碣苔封。三百年來，蕭然誰繼清風。商量琴硯從安頓，有白雲遍戶留儂。儘從容。楚些悲歌，好和疏鐘。」《摸魚兒・題李五丈蘆雪菰煙老釣師圖》云：「寄幽情，苔磯片席，煙波鷗與分占。筆牀茶竈無多具，鼓枻悠然忘遠。真嬾散，向日出、煙消看盡巘雲展。頭銜乍换。比白石佳名，轉庵好句，一例任稱唤。蕭疏處，淡倪迂，幾點摩挲，幾度生羨。一竿靜把原非釣，自與蜻蜓風颭。綸漫卷，便廣設、三千也作尋常看。休嗟晼晚，正晴絮零秋，涼飈戰雨，詩料好裁翦。」

同邑吳嘯江茂才昌榮，久客閩川。嘗於冬月雨中過訪，忽謂予曰：「尊齋湫隘，頗覺不俗，何以故？」忽又曰：「有梅花耳。」時友人餉盆梅數本，瓶盂中又插梅殆遍。嘯江家貧，喜買書，至典衣不惜也，最熟史事。録其《詠史絶句》云：「戰海空勞氣薄天，轀輬車弄趙高權。輸他徐福童男女，笑上蓬萊採藥船。」「玉樹新歌狎客詞，望仙閣上曉妝時。長江天塹難飛渡，且擁蛾眉艷賦詩。」「考栳歌成未解羞，房州被貶萬重愁。還宫斜倚三思坐，花下凝眸笑點籌。」《晚歸》云：「泛棹歸來已夕陽，閉窗合眼過橫塘。忽聞魚簖驚殘夢，篷背一鉤新月涼。」

聞川計詩巢上舍城，曦伯從子也。嗜書工畫，家有小園，饒水木之勝。藏書畫金石亦富。嘯江攜其近稿見示。録其《病起》云：「鶯嬌燕婉一聲聲，睡起初聞便有情。屈指一春容易過，小園花柳近清明。」《重遊西湖》云：「重泛西湖六柱船，湖山入畫景依然。淡黃蘇小墳邊柳，見我題詩又一年。」《消夏》云：「讀罷芸編汗似漿，垂簾無計制驕陽。芭蕉葉大閒堪用，一角涼陰罩曲廊。」《秋夜》云：「銀漢無聲月一鈎，畫屏斜倚望牽牛。秉花簾外涼如水，已有蟲聲報早秋。」詩巢又睎同里三君詩。一爲屈君紫卿茂垣，吳江籍，著有《招鶴山房吟草》，紫卿無他嗜好，吟詠外惟小飲三蕉，翛然自得，少年醇謹，無近日紈綺之習，詩亦如其爲人。《白蓮》云：「亭亭雨過絶纖塵，白社真堪結淨因。艷謝鴛鴦三十六，攢眉池上有詩人。種分太華繞銀塘，淨卸紅衣耐淡妝。絶似淩波仙子態，水晶簾底月痕涼。」一爲鄭君子村熙，亦籍吳江，著有《緑曉莊吟草》。子村又工隸篆，今館紫卿家，《清明後二日遊古香園》云：「十分春色未全消，弱柳垂垂長碧條。偶倚畫闌閒弄水，浪花圓處一魚跳。亭閣依稀小謝家，晶簾隱約假山遮。不知昨夜瀟瀟雨，開遍階前婪尾花。」一爲陳二希煌，秀水籍，著有《北溪吟草》。二希性嗜書，尤愛讀史，每與友飲，輒引史爲證。親年六十餘，無同胞兄弟，遂遵親命棄業習賈，非其志也。《秋夜泊亭溪》云：「澄湖寥泬似瀟湘，漁火星浮蟹舍光。曲岸溪聲春客枕，疏簾蟲語織新涼。江湖落落書空寄，蘆荻蕭蕭夜正長。自笑薄遊成阻滯，一宵清夢在漚鄉。」《菱湖舟中》云：「火雲如繖罩樓臺，手拓篷窗面面開。解纜放舟楊柳岸，緑陰中有好風來。」

嘉興張拙园履坦，豪於酒，每夕獨酌，至數十觥不醉，儀止彌飭，尤躭吟詠，喜鄙人詩。倩畫師臨小影懸齋壁，嗜痂之癖近無有也，令人滋媿。頃書小詩見示，亦清蒨可誦。《春陰》云：「芳郊青徧未招尋，連日重雲釀嫩陰。薄暝書窗人寂寂，落花庭院晝愔愔。乍寒乍暖天難準，疑雲疑晴望轉深。隱約前林新緑裏，煙中時一囀幽禽。」《穫稻》云：「秋來刈稻畢農功，又見黃雲一望同。早出腰鐮朝霧散，晚歸荷擔夕陽紅。豐年夢落千倉外，飢雀聲喧十月中。吾愛酒人陶靖節，連朝應不放杯空。」

平湖吳聽濤松，早失怙恃，祖母朱撫之成立。嘗讀李孝伯《陳情表》，至泣下。嗜琴，得上海徐炯齋先生手授，成連移情，指與弦化。著有《古琴樓詩稿》。丈去世後，哲嗣竹溪刻之。録其《村居題壁》云：「踠地垂楊弱不支，緑陰挑出酒家旗。提壺叫徧村前後，花壓紅橋蝶過遲。也無紅袖艷當壚，祇有漁樵隔水呼。歸去白雲知我醉，放他新月照花扶。」《宿山寺遇友》云：「蕭寺蓬門夜夜開，故人竟被月呼來。明朝定惹山僧惱，踏破籬邊一寸苔。」

滬城，華夷交通，商貿輻湊，紈絝弟子，沉湎聲色，比比皆是。近惟王氏一門，烏衣青族，玉樹多才，如叔彝部郎之《寄深寫遠齋集》，雖未付梓，已早流播。從弟薇洲參軍慶楨，與叔彝齊名，著有《養和山館詩稿》。薇洲少孤，力學多病，早殂，叔彝刻其遺集，頃以郵示，多名章雋句，時有遠摹劍南、邇紹、甌北之目。茲録其小詩《秋夜》云：「者番新雨送新涼，夜靜荷花漸有香。露氣滿庭銀漢迴，不知何處有紅墻。」《待潮》云：「水落寒塘出蜆灘，西風向晚卷微瀾。臥聞舟子商量語，今夜潮來月已闌。」《東徐薏香》云：「三月春光正好時，小窗寂寂月遲遲。平生易爲多情誤，每看桃花總有詩。」其他斷句，如：「緑意盡歸芳草裏，兩聲愁絕小樓中。」「貪看山色停舟早，凄入蟲聲怕夜長。」「曉汲漱泉神自爽，小眠謝客睡爲辭。」「閉戸著書須有福，傾家釀酒不憂貧。」「八法自沿山谷體，一生愛誦放翁詩。」「一宵詩夢和雲化，三月春愁比水多。」「緑樹陰濃簾幕靜，白蓮花發寺門香。」「前村初熟梨花酒，昨夜新裁杏子衫。」「清風有意驅殘暑，細雨無聲送嫩涼。」俱佳。使天假之年，當不止此。惜哉。

卷八

秀水　于源　辛伯

西湖花神廟，塑容姣好，或感水仙之夢，或幻紫姑之妖，雜見於近人小説。園亭既圮，風雨摧之。道光某年，有廣陵客竊其頭歸去。錢唐夏松如丈之盛，有《湖山春社弔花神詩》，云：「鞭碎玻璃明月死，盲風吹立西湖水。水仙綽約踏龍尾，悄喚花姨返瑤所。春容寂寞淚痕洗，紅情冷落虛空裏。手持香劫誰家子，偷匿玉顱置方底。鵁鶄渴喚相思仔，壞工試覓誰陰市。瘢痕完熨白獺髓，重款情人纂花史。」

紙鑼之設，始於齊東昏王，鍛錫爲箔，以砑諸紙。杭人獨擅此爲利焉。道光癸巳歲，飢不售貧，戶無所籍，爲女紅資人，貧鬼亦窶矣。松如丈有《砑螺篇》云：「雲影薄風片輕，銀光帖帖照眼明。宵寒似水胝生手，馬蹄得得誰人行。一解。東隣阿妹西隣姊，牽蘿補屋貧無俚。擔夫來不來，朝餐賴十指。二解。幸有餘箔堪易錢，年荒糴貴值更廉。人既貧鬼亦窶，發光佛奈何許。三解。」

松如丈篋室楊韻芬夫人素書，亦工詩，附刻於《留餘堂》及《吟紅閣集》中最多。用意新穎，能寫難達之景。如：「戲擲魚仙停玉筯，閒燒欖核放蘭花。」「七巧圖翻分夙慧，九連環解散春愁。」唯詈近纖耳。七律《咏桐子》一首，最爲清妙：「碧欄梧影最蕭森，幾串纍纍帶露尋。銜到鳳雛同竹實，點成雲乳悟琴心。驚秋一葉飛前度，槎緑千丸綴滿林。偏是月明深院墮，微吟人正憩疏陰。」

《吟紅閣集》，松如丈長女佩仙伊蘭所著。佩仙十歲學吟詠，十五歲而卒，得詩六百餘首。蘭茗慧業，仙鬼奇才。吳江返生香後所絶無僅有者。茲摘其五言，如：「病貓秋向火，飢鼠夜窺燈。」「窗月涼侵夢，瓶花瘦入詩。」「秋光和月淡，蟲語透花涼。」「簾明初上月，風細不成秋。」七言：「涼月疏燈分夜色，寒蛩落葉亂秋聲。」「鈴工絮語宵鳴咽，月寫花魂影淡濃。」「平分涼思幾竿竹，滴碎秋心一葉蕉。」「黄絹詩才聯姊妹，碧桃天氣互寒溫。」「秋在鳥眠蟲醒裏，夢回燈影雨聲中。」「簾幙有花風自韻，樓臺無月夜長閒。」皆佳句也。七絶《病愈》云：「緑窗久謝一編開，身似秋花病起纔。怯弱怕添慈母慮，晚涼絶早上樓來。」《即事》云：「微風習習拂妝臺，不見談詩女伴來。却好畫樓春睡醒，半街新雨賣玫瑰。」《憚暑》云：「蒸來炎暑滿蘭房，恰愛芭蕉緑過強。只爲有心能卷雨，派他樓角障斜陽。」

松如丈長君子儀司馬鳳翔，著有《愛日山房詩草》。客歲寫示近體數首，非全豹也。録其《睡醒口占》云：「鴨爐餘火未全灰，布被奇溫夢乍回。虛室忽然生一白，雪光如月上窗來。」次君紫笙茂才鸞翔，著有《春暉山房詩草》。《裏湖》云：「微風吹破嫩晴天，我向湖濱放畫船。十里荷花香不斷，一僧涼抱水雲眠。」

雲南銅廠夙聞之，未得其詳。子儀寄示其外舅錢唐吴仲雲先生振棫《華宜館詩鈔》，有廠述四首，蓋官滇時作也。詩云：「華楹具百戲，雕俎羅八珍。指使諸僮奴，佩服麗且珍。問官所掌職，曰鐵錫金銀。朝上一紙書，暮領十萬緡。會稽足課額，可以娱嘉賓。勿謂官豪華，視昔官已貧。頗聞有某某，憑陵居要津。臣僚日相狎，小吏不敢嗔。積金北斗高，歌舞難具陳。歌舞豈不歡，事勢如轉輪。朝廷固寛大，國法亦以伸。事過三十年，殘魄含酸辛。官今當黽勵，富貴天所命。鴆巵與漏脯，智者終逡巡。哀哉銅山下，乃有餓死人。」其一。「滇廠四十八，寶路區瘠肥。媪神豈愛寶，苗脈有盛衰。攻採矧云久，造物亦告疲。寧台與湯丹銅廠之最大者，今亦異曩時。比資烏坡銅，鎚鑿逮窮夷滇銅不足以蜀之烏坡廠。銅濟之廠在夷地。小廠益衰竭，徵課檄如馳。何從獲硬硖硐，謂之〔石曹〕。〔石曹〕石堅，爲硖硬。硬則可久獲大礦，間或得草皮浮淺而少者，曰草皮礦。雞窩不滿萬此諺語。雞窩礦，出銅之少者，餓鞘亦奚爲餓鞘，有苗無礦。長荽入龍窟，水洩費不貲硐有積水，百計涸之，謂之拉龍。費日水洩。年年告缺額，呵譴安敢辭。我聞古銅官，坊冶各有司。方今吏事繁，難理如亂絲。況復畀廠政，最殿較銖錙。既耕復使織，蹙蹙安所施。誰能劑虧盈，法美用意微。上贍九府供，下給家室私。官私兩不病，治術其庶幾。」其二。「受事平其爭，厥長凡有七客長主官事，課長主納課，爐頭主爐火，鍋頭主役食，鑲頭主鑲架，硐長主〔石曹〕銅，炭長主薪米。錘手與砂丁，是皆長所帥。有犯則抶之，如奉命甲乙。背荒何勞勞開峒負土也，晝夜戒無佚。帕首縛一燈，行若緣縫蝨。仰攻亦俯入，但懼引線失銅苗田引線。風穴窮谽谺入深苦悶，鑿風洞以疎之，廂木架疏密硐虛下陷，支以木，間二尺餘。支木四，曰一廂。硐之遠近以廂計。龍驚地軸裂，一入不復出。悲哉乾蟣子，枯臘黑于漆洞陷，則死者無算。或爲寶氣所養，屍不腐，名曰乾蟣子。更聞扯火勤，爐罩難畢述煎礦，曰扯火。煎紫板，用美人爐、將軍爐；蟹殼，用紗帽爐；啞銅，用火風太極爐；銅夾銀，用推爐；鉛夾銀，用蜈蚣罩；黑銅，蝦蟆罩。罩者，爐之別種。金銀發猛氣，浸淫爲厲疾。去此憂饑寒，一死豈自恤。爭尖與奪〔石曹」，刀劍鬥狂獝東西異線開採，而同得一礦，則有爭尖奪〔石曹〕之事。一朝鳥獸散，探胠入人室。索之藉無名，山箐費窮詰。持以問長官，填撫用何術。」其三。「廠主半客藉，逐利來窮邊出貲開採者，曰廠主。率皆客藉，其自稱客民。入官報試採，自竭私家錢。欣然太堂獲，繼以半火煎礦最旺曰大堂，晚煎曉成謂之半火。抽課得羨餘，三倍利自專。百貨日麕集，優倡肆妖妍。荒荒蠻嶂中，聚若都市闐。泥沙快揮霍，變化出永鉛。卅爐鑄橫財，陶猗不足賢。聞者饞涎垂，攫攫蟻集羶。儼然師故智，畏命豈在天。叩囊出黃金，一擲虛牝填。所願倘不償，室家徒蕭然。妻孥難存活，伴侶空相憐。不如扶犁好，猶得守薄田。請看足穀翁，飢飯飽卽眠。」其四。

武原石硯虹丙熺，工帖體詩，所刻《縵云集》，雞林珍之。頃客西泠，寫示小詩數章，殊清絕也。《題黃椒升參軍夕陽紅樹圖》云：「客遊年逐宦遊年，遊遍南閩與北燕。今日更知林下好，一株老樹着花妍。天與靈光魯殿留，八旬書法尚蠅頭。料應慣寫時晴帖，不負年年柿葉秋。」斷句，如：「花落硯蟾水，竹敲簷馬風。」亦佳。

隨園以友朋投贈之什偏貼一室，顔其居爲「詩世界」。吳澹川明經仿其意，爲「詩洞天」。法時帆祭酒，則爲「詩龕」，有《雅集圖》行世。陶篁村先生以刪賸之作，傚埋退筆例，爲「詩塚」。

世艷小青名，或疑子虛烏有，蓋拆一「情」字耳。《愚山詩録》云：「是馮具區之子雲將妾，亦不言其姓，或云姓馮，因同主人故諱之。辟疆歌童馮紫雲是其弟，更似附會。」近常熟孫子瀟先生亦拆一情字，自號「心青居士」。

《疑雨集·秋詞》云：「却要因循簟未鋪，鸜哥傳道畫堂呼。風光瞥去消魂在，贏得驚心也勝無。」註云：「《香奩集》却要因循添逸興，不知「却要」爲何語，想亦助詞耳。」王芑亭云：「却要，是待兒小名。見《太平廣記》。」

杉亭寄示其鄉錢劍威匡《竹齋遺稿》，是康熙間詩人也。劍威，年不永，故名不出閭里。而七律一體特佳，録其斷句，《雨後閒望》云：「山雲未散猶遮塔，湖水初添欲湊塘。」《冬夜樓居》云：「戍柝自鳴孤壘月，漁村空照一樓霜。」《送宋錦江北游》云：「經旬水路隨漚鳥，一月山程過杏花。」《雨望》云：「受驚魚脱前溪網，取捷人穿別港船。」《書懷》云：「飢望年豐還拙想，寒思冬暖亦癡情。」《慰張寄齋》云：「甘守時窮方是士，不爲人忌便非才。」

錢唐萬似庵紹芑，與余未謀面，蒙先以詩見贈並《題鐙窗瑣話》云：「不俗即仙骨，冰壺孰比清。袖刊吳郡本，價重洛陽城。雅意勤搜輯，無才仗品評。願裁千幅錦，添助鳳樓成。一粟渺滄海，蓬蘆坐嘯身。雞窗新著作，鴛水舊詩人。涉世忘形迹，論交見性情。嗤余守章句，滋味只酸辛。」似庵著有《補拙吟草》，小詩亦佳。録其《夜歸》云：「酣臥蓬窗月影斜，櫓聲搖曳水之涯。奚童推我夢中醒，笑説扁舟已到家。」《即事》云：「苔痕延檻緑，四面綺窗開。閑立看花久，不知春雨來。」

似庵伯兄小芝紹汾，蘭玉早雕，長轡未騁，著有《半閒居吟草》。似庵刻之。《幽居》云：「一夜山中雨，山山春鳥鳴。幽居生意滿，草長與階平。閒有看花客，開門一笑迎。興來相對飲，世事不關情。」《山居》云：「流水空山自一村，梅花淡淡月黄昏。天寒猶有未歸鶴，分付山童莫掩門。」

薛荔，墻陰纍纍垂實，名鬼饅頭。海昌陳益齋丈守謙有詩云：「暖氣如烘夕照時，傍來宿草一枝枝。鬼猶求食分嘗苦，神所憑依造物奇。莫怪人間多畫餅，始知地府有齋期。荒墳底事頻相笑，却看成堆合療饑。」此前人齒芬所未及也。其他斷句，《春寒》云：「小院遲花信，高樓八雨絲。」《丹陽》云：「亂草淒荒驛，殘花媚晚晴。」《正覺寺題壁》云：「新柳緑於遊子鬢，白雲閒似老僧心。」《長池納涼》云：「一逕松風無六月，數椽茅屋是孤村。」《夏夜》云：「山果迎風當戶落，鄰簫隨月過墻來。」《和王碧山》云：「壯懷何日酬龍劍，佳句輸君落燕泥。」《揚州》云：「春風柳色無今古，夜月簫聲久寂寥。」俱佳。益齋，爲吾友杏亭上舍有作尊人也。杏亭有《東湖尋夢集》，黄霽青太守師爲之序。

道光甲辰三月，禾郡試事八學，廣文咸集，二十六日，小集金陀園，至者十四人，論齒共得八百歲，各有詩紀之。惜未得見。頃芑亭以許敬齋先生乃裕所書詩册攜示，因録所善者數首，亦吾禾他日軼事也。敬齋，時爲平湖教諭。原倡云：「十四儒官八百春，斯園斯敘總前因。籌添椿紀思蒙叟，算衍侯封等孟津。勝地自來還自去，吾曹無主亦無賓時園主人不值。異時重集堪爲例，益壽杯傾更二人胡秋白、龔蓉漵因病未與。」府學教授周未庵丈和云：「濃緑陰陰勝冶春，吾儕觴詠豈無因。箕疇錫福先言壽，倦圃歸耕欲問津。地近寒齋慚作主，家無薄具可留賓。明年此會仍前約，鳩杖應添二老人。」府學訓導孫康叔丈頤和云：「匆匆辜負此三春，眠石棲雲有宿因。歲序老彭同入算，文章小技孰知津。入門看竹真忘主，舉酒持籌戲答賓。惆悵向隅惟二老，病中原是箇中人。」

雙林蔡康伯慶地，一號巢西子。沈筤溪丈屢稱道之，始通魚雁。去歲，以所刻《蓬壺詩選》見示，雲思霞想，洵非十洲三島人不辦也。録其《題東坡水調歌頭後》云：「玉宇瓊樓絶點埃，清詞麗句壓瑶臺。君王亦有憐才意，特向黄州調汝來。」《偶吟》云：「小樓相近又相親，藥舍丹房作比鄰。天上正稽功過格，無人解道守庚申。」《冬夜》云：「種竹栽花興不賒，疏籬茅屋野人家。莫言此處芳鄰少，昨夜新邀萼緑華。」《漫興》云：「聲聲檐馬小樓聽，蕩漾春風響不停。料得杏花消息近，今宵先爲滌銅瓶。」

嘉善柯小坡丈有《斜塘竹枝詞》百首，一鄉故實，無幾着筆，殊不易。近小坡嗣君研北茂才堯桂，以同里曹竹君明經信賢《魏塘竹枝詞》寄示。一邑文獻，搜採較富，可謂異曲同工。詩云：「瓶山一簣鎖寒煙，銀杏如人枕石眠。聞説昔時置酒務，幾人曾挂杖頭錢瓶山，宋置酒務處。誰將片石立通津，旱澇年年問水濱。不似山頭峯窈窕，只將舞袖媚遊人憂歡石，能測水患。舞袖，峯名，在沈氏園。聞道來仙高閣開，飛昇一去歲華催。阿儂生怕郎騎鶴，也似仙人去不來來仙閣，元錢隱君修煉處。東阡西陌稻開花，石馬灘深一水斜。城市村莊深不辨，緑陰多處是儂家石馬灘，在城東。圖懸百祖軸連緜，十六阿羅盡失傳。是色是空多放下，更於何處着龍眠景德寺，有百祖圖。光德庵，有貫休十六羅漢。近俱失去。柳溪如鏡水澐澐，溪上神童有舊墳。父老莫傳真姓氏，一抔黄土淡斜曛陶莊，舊名柳溪，相傳有神童墳。」

永康女史吴絳雪，名宗愛，一代才華，千秋貞烈。父某，爲嘉善校官，絳雪從宦吾郡，與秀水女史吴素聞善，聯倡最多。近桐城吴康甫大令廷康，於故家得絳雪所著《六宜樓集》、《緑華稿》，鐫板行世。又得絳雪殉難軼事，屬武原黄韻珊孝廉憲清作《桃溪雪》曲子。蓋絳雪賦寡鵠時，年才二十餘，有艷名。耿逆僞將，兵薄城下，令有願獻吴氏者免屠戮。絳雪請行兵退三十里，於桃溪嶺上墜厓死。素聞名，但見於張浦山《畫徵録》附傳中。康甫屢屬予採訪，不得。兹於六宜諸稿中，録其與素聞之作。唯願博雅君子，或悉其人，或藏其集，急以郵示，當踵付棗梨也。《遲素聞不至》云：「日暖疏簾燕子催，春風不見綉襜來。芳華且待佳人賞，爲祝桃花緩緩開。」《題素聞山水畫》云：「一舟浩渺出輕風，兩岸遥山黛色酣。昨夜燈前重起玩，滿窗煙雨夢江南。」《春日即事和素聞》云：「東風送暖入春衣，茗椀爐香伴掩扉。曉理瑶琴弦尚澀，醉臨禊帖格差肥。垂楊映日眠還起，山雀窺人下又飛。爲誦芬芳悱惻句，幾回盥露漬薔薇。」《寄素聞》云：「憶昔紗窗共綉時，裁紅暈碧日相隨。猧兒矯捷防翻奕，鸚鵡能言教誦詩。愛説荷花開並蒂，愁看芍藥號將離。祇今剩有花間月，照見幽閨獨畫眉。」《春日有懷素聞》云：「别來愁緒起無端，窄袖輕衫怯曉寒。原上草薰春盎盎，意中人隔路漫漫。疏風小圃宜鸎粟，細雨新蔬採馬蘭。相憶何緣教縮池，芳華不共倚欄看。」《寄懷素聞》云：「翩鴻邈邈隔遥天，勝會捫胸尚宛然。杯勺冬聯名臘八，園林春戲號秋千。追思舊雨還如昨，屈指離雲又幾年。此日臨風徒悵望，何山吹我到君前。」他句，《元夜》云：「笙歌地覺春如海，燈火人忘月在天。」《春日漫興》云：「寒食新烟官柳緑，飼蠶天近女桑穠。」《贈某世弟》云：「負笈人稱高足弟，閉門重著等身書。」又云：「詩人留跡誇丁卯，野客談奇誌癸辛。」《抱姊子爲嗣》云：「人誇似舅同無忌，我羡生兒似莫愁。」其餘佳句甚多，不能備録。

硤川許萸坪增，神交十年，緣慳一面。近以詩稿寄示，録其佳句。《除夕》云：「歲序又更詩有料，醉鄉難到酒無功。」《重陽小集》云：「黄葉飛殘千點雨，青山圍住一籬花。」《同人登東山》云：「人躭邱壑剛三益，詩與茱萸共一囊。」《落梅》云：「摧殘世外冰霜質，感到人間鐵石腸。」《秋日即事》云：「貧喜客來賒酒共，嬾無僧約看山行。」《春寒》云：「變幻陰晴雲作態，彌縫寒暖酒爲功。」《悼沈夢蘇》云：「有情池館餘啼鳥，無命文章了蠹魚。」皆極錘鍊。

海鹽崔霽雲丈德華，著有《秋聲山館詩稿》。録其《雨飲山家》云：「樹圍蒼逕滑，雲擁碧峯寒。」《舟泊南湖》云：「人家都近水，風雨正交秋。」《寒食坐雨》云：「日長倦或尋清夢，花好看還讓少年。」《賁湖道中》云：「魚可賤售知水闊，人扶殘醉識年豐。」《詠菊》云：「生涯淡泊安籬落，衰鬢飄蕭側帽簷。」《唁亡妻》云：「老去相憐營馬鬣，歲闌曾共泣牛衣。」丈五十歲後始學詩，今裒然成集，亦達夫後一佳話。吾友蔣十三杉亭，系丈微雲女壻也。

崔丈小阮儷孫嘉淦，有《典衣》一律，劇佳：「不但年來寄此身，四時衣亦典來頻。翻嫌久摺痕常滿，喜不常穿色尚新。日後或能歸故主，眼前半已屬他人。長生庫裏從游慣，一笑無煩姓氏陳。」

鄰童折垂絲海棠至，商略瓶供，煮茗靜對，几無纖塵。適聞川野航寄書來，乃陶丈梅若《緑蕉山館詩續集》也。再録其《消夏雜詩》云：「筆墨疏人涸硯田，炎威連日逼窗前。貍奴也識天光熱，不向亂書堆裏眠。試取輕醪酌滿巵，尋詩還趁日斜時。

海棠不待秋風至，先向閒階開一枝。疏雨蕭蕭響蕉葉，輕風時一搖修篁。今年令節翻新樣，小暑炎蒸大暑涼。朝曦猶未照疏櫺，涼意翛然坐小庭。入眼又教添畫稿，紅荷花立碧蜻蜓。」《病起》云：「匆匆急景逼殘年，西北風吹日夕偏。知是昨宵窗紙裂，黄梅香到臥牀前。村店青帘颺日斜，小除夕過酒難賒。老夫近幸無須此，愛聽松風自煮茶。」

梅石愛女蘭娟馥，適梨里周君少裳兆勳，夫婦俱工詩，秦嘉徐淑，爲近時所罕得。茲録少裳《消寒第二會集紅蕉山館》云：「雨滴檐前向晚停，消寒勸飲欲傾瓶。未闌酒興疑宵淺，轉怕更籌動客聽。殘月遲侵三徑白，書窗任暈一燈青。夜深扶醉人歸去，酌少偏誇我獨醒。」他句，如：「倉輸荒後稅，竈冷爨餘煙。」「窄量翻誇賒酒易，名心未淡學詩難。」「園餘破屋花慵補，家有荒田累未捐。」俱佳。蘭娟《冬夜》云：「夕陽隱隱下西廊，新月光鋪滿地霜。籬畔黄花開欲盡，西風吹瘦一簾香。」《喜晴》云：「怪道溪桃不吐香，冷風淒雨減春光。今朝午後初開霽，新柳梢頭染夕陽。」《初夏》云：「開過牡丹蜂斂翅，長齊芳草蝶銷魂。一株楊柳真無賴，弄雨搖風青到門。」《題畫》云：「微雲淡淡已涼天，垂柳絲絲鎖晚煙。人盡夜深誰復到，半丸殘月冷秋蟬。」

少裳寄示震澤邱氏詩三種：一爲邱太夫人許氏瓊思，著有《宛懷韻語》，《送八姊》云：「殿春花發又殘春，過眼韶光付劫塵。贏得一枝楊柳緑，垂垂欲綰別離人。」一爲邱餘甫孫錦，著有《有餘地詩集》，《乘月抵金山衛》云：「柔艣咿啞廿里賒，空濛水氣入窗紗。山城夜半無更鼓，臥看船頭月影斜。」一爲邱味梅綬壽，著有《借園詩草》，摘其五言《豆棚》句云：「四邊風有約，半漏月微明。」

槵樹，佛家名無患木，夏秋結實，爲菩提子。梅里舊有一本，枝幹扶疏，百年物也。沈丈澹庵道腴築室其下，爲吟詠所，故所著爲《槵樹軒詩草》。録其《幽居》云：「暑老梧桐雨，秋生蘆荻風。重簾浮淨碧，小圃瘦疏紅。野水到門細，湖亭隔岸通。隣翁如過我，閒話莫匆匆。」《曉坐水軒》云：「亂云宿古樹，幽夢破春禽。竹樹滌塵腑，蘭香發苦吟。日遲知晝永，徑僻抵山深。忽聽泠泠水，如聞太古音。」《天香庵探宋梅》云：「劫歷冰霜獨抱真，離奇半作老龍身。十三株外梁應化，七百年來花自春。凍雨寒煙香入定，殘山賸水夢如塵。短籬一角孤山路，吟瘦斜陽畫裏人。」

澹庵丈淑配陶氏朗卿品玉，梅若司馬女嬃也。亦工詩。《題畫》云：「丹厓碧嶂隔江明，老柳高楓兩岸横。此境昔賢疑未到，更誰石壁有題名。」脂粉之習，爲之一洗。

澹庵丈長君琴伯愛萱，精篆刻，嘗爲余作小印數方，鈐五色箋上示客，每誇爲種榆仙館後所僅見。録其小詩《蘋洲吹笛圖》云：「蒼茫一片水雲寬，横笛聲中月色寒。如此夜涼風露重，好山還要倚篷看。」

平湖楊雪珊少府懋驥，配周氏靜君夫人蓉，伉儷俱能詩，嘗畫《靜好樓圖》，蘭茞慧艷，琴瑟雅音，一時罕有倫比。雪珊詩，已採入《乍浦集咏》。兹於浪仙所選外，録其《遊懷橘庵》云：「紅葉斜陽路，閒尋祇樹林。偶逢開士話，能見古人心。逕曲竹偏密，亭幽花自深，一聲吹笛去，溪上月光臨。」《雪後遊真如寺》云：「淺印芒鞋徑未封，禪關幽絶少人蹤。偶登小閣看殘雪，忽見斜陽挂遠峰。半樹梅花邀客賞，一甌春茗待僧供。水松牌上閒題句，一任歸來打晚鐘。」靜君《題牡丹畫扇》云：「金錢不惜買臙脂，濃艷叢中畫一枝。付與扇頭搖影好，瑤階微步賞花時。」《秋葵》云：「日光閃閃側金盤，庭外秋葵露未乾。一種鵝黄誰染出，玉人嚲袖倚闌干。」

志載宋張堯同有《嘉禾百咏》，或徵引一二，未見其全詩也。近雪珊鈔示周君朗亭鑑經詩數紙，有《嘉禾雜詠》幾首，亦非全稿。姑就其中摘其斷句，《春波草堂》云：

「竹疏欲補須留笋，草密先刪爲礙花。」《愛山樓》云：「蓬島不須移海上，洞天原只在人間。」《藕花池》云：「一種清香風過處，半池圓葉雨來初。」《倦圃》云：「百年喬木高人宅，一枕華胥古寺鐘。」五律《夏日村居》云：「地僻塵囂隔，村幽景物賒。密林喧宿鳥，新水聚鳴蛙。雨助將成竹，風欺欲墮花。偶招農父飲，時復話桑麻。」

《清溪竹枝詞》，平湖張採言嘉鈺所著。近時一村一水稍有故實，能文之士便摭拾題詠，亦足補風土之記。發潛德之光，較之尋常嘲風弄月者有間矣。録其《自題》云：「花月年年夢裏思，偶翻水調寫烏絲。關心黑蝶風流渺，誰譜新詞付雪兒。」餘不備録。其全集名《晚香居詩稿》。《松江夜泊》云：「木葉下蕭蕭，空江泊短橈。平沙連斷岸，明月湧秋潮。孤客未安枕，美人何處簫。故鄉在咫尺，歸夢奈迢迢。」《官柳》云：「河橋日暮雨蕭蕭，愁緒和煙結萬條。慣惹天涯離別思，短長亭外怕停橈。」《題商巖丈息耘廬遺稿後》云：「青衫落拓寄藤蘿，裙屐年年載酒過。我欲問奇來敂戶，板橋流水夕陽多。」採言伯兄朵珊嘉錦，與採言極友愛，亦耽韻語，著有《棣華廬詩稿》。《壬寅秋日登湯山》云：「亂後山猶在，登臨海日晴。帆隨飛鳥没，朝混遠天平。木落千林冷，雲横萬里清。西風何太急，况乃未休兵。」

武林萬星庵紹棠，似庵諸兄也，尤工韻語，一門群從，俱嗜詩媚學，無綉槃帨之習，洵未易得。録其《秋曉》云：「燈燼漏催殘，疏鐘破曉寒。夜凉驚夢短，風急覺衾單。茆舍雞頻唱，蕉窗雨未乾。烹茶呼小婢，閒把佛書看。」《鹿城過竹溪僧舍》云：「乘興遊山去，山高覺路長。叩門寒犬吠，烹茗老僧忙。是處即仙境，幽棲忘異鄉。尋春春又暮，信足憩雲房。」《偶成傚劍南體》云：「草閣臨溪六月寒，科頭跣足嬾衣冠。看書不覺眉痕重，摹帖生憎腕底酸。檢點茶瓜留客久，雄談戎馬濟世難。前林雨過天還早，閒看漁舟下釣灘。」《碧梧館桃花八月偶開》云：「依然艷似碧霞丹，嬌質偏支風露寒。天惜秋光容易老，不教花放屬春官。」

梅里胡藹春丈永成，著有《鶴溪草堂集》。嗣君芸伯將謀付梓，屬爲題詞，因得瀏覽一過。録其《喜舅弟金彙征見過》云：「一徑蟬聲歇，攜琴到草堂。尊開竹葉酒，風送藕花香。病起詩同健，愁多鬢易蒼。水亭閒話久，凉月又黄昏。」《沈遠香過訪》云：「賣藥水西市，經年巖訊疏。客來秋水外，人坐晚凉餘。小閣垂簾靜，前林返照虚。津亭易揮手，莫惜數行書。」《梅雨浹旬感成八絶》，録其二云：「簷滴兼旬苦未乾，水天極望漲痕寬。歲正始信農占驗，三亥曾逢檢歷看諺云：正月逢三亥，桑田變成海。」「群力齊看側手遮，築隄畚土自家家。桔槔倒向田間置，隱隱雷聲響踏車。」

德清徐太夫人王氏柔如蘊容，山陰人，少耽吟諷，尤工詠物。綉奩鍼管，旁無非詩也。賦寡鵠後，此事遂廢。今其令子伯梅梓以行世，皆早年之作。録其《咏簾》云：「小院垂垂春晝長，眼前人似隔重廊。乍開却放爐煙細，未捲先聞花氣香。夜靜窗前篩月影，日高池畔漾波光。玉鈎斜處斜陽動，燕子歸來絮畫梁。」《荷包牡丹》云：「誰把吳綾蹙小紅，倚風映日總玲瓏。芳姿若被天香染，定傍楊家綺閣中。」《夜坐》云：「緑窗寂靜啟緗編，小剔銀燈掩鏡奩。最愛横斜好花影，夜深籠月上疏簾。茗調蘭露玉花明，香裊金猊夜氣清。栽得蕭疏一叢竹，風敲幽韻作秋聲。」

蘇厚子明經惇元《序周辛甫滐竺橋丙舍圖》云：「周氏四世聚葬一所，冢墓相望，有周官族葬遺意。」沈閒亭進士雲云：「往歲壬寅，夷犯乍浦，郡城居民倉皇引避，以未嘗預爲謀，故而靡所適從。竺橋去城不過二里餘，墓有田，足以贍朝夕；田有廬，足以蔽風雨。其立法可謂深且遠。」予亦有詩，存集中。冊中有兩絶句，劇佳，惜忘其名。詩云：「爾祖爾曾萃一邱，九原聚首鬼啾啾。柏風挾雨狂吹黑，夜半讀書雲倒流。」「繞屋桑根野氣清，小窗三五月分明。墓田結箇幽人宅，鄉社豐年有笑聲。」